JN303937

FOR BEGINNERS 99
フォー・ビギナーズ 99

住基ネットと人権

文●藤田悟
イラスト●ふなびきかずこ

イラスト版オリジナル

現代書館

も　く　じ

はじめに …………………………………………………………………………… 4

第1章　住基ネットを理解する …………………………………………… 5
1. 住民基本台帳ネットワークシステムについて　6
2. 住民票についての基礎知識　8
3. 戸籍の役割と得られるデータについて　12
4. 住基ネットの役割と目的　14
5. 住基ネットの利便性や住基カードの役割　16
6. 住基ネットの具体的なメリットについて　18
7. 住民基本台帳カードの交付について　20
8. 住基ネットにおける本人確認手段や、今後の利用方法　22
9. 住基カードの個人情報保護対策について　24
10. インターネットでの申請や届け出制度について　26
11. 外部からの侵入と内部の不正利用の防止　28
    コラム1　米映画『エネミー・オブ・アメリカ』は現実になる　30

第2章　住基ネットの脅威 ………………………………………………… 33
1. 個人情報保護法の完全施行後も、住基ネットには関係ない　34
2. 住基カードが他人に交付されて、なりすましが可能に　38
3. 住民票コードの11ケタの番号が悪用される　40
4. 大量顧客情報流出事件は、住基ネットにも関係する　42
5. 住基ネットデータが、関係者の不用意から漏れてしまう　44
6. 他人の住民票コードは簡単に入手できる　46
7. 住基ネットの蓄積情報が民間に売られる　48
8. 住基データが戦争の人選に利用されてしまう　50
9. 住基ネットの住民票コードが身体に刻印される　52
10. 住基カードのICチップが、体内に埋め込まれる　54
11. 国勢調査と住基ネットとの怪しい関係　56
12. 血液型やDNA情報が住基カードに　59
13. 住基カードがIC免許証と統合される現実　61
    コラム2　あなたのプライバシー関心度チェックリスト　64

第3章　住基ネットは危険すぎる ………………………………………… 67
1. 住基カードがないと救急搬送時に、診察を拒否される　68
2. 住基ネットのICカードがスキミングされる　70
3. JRの「Suica」「ICOCA」カードは、住基カードの事前研究　72
4. 「ICタグ」読み取り装置から、個人情報垂れ流し時代に突入　74
5. 住基ネット情報漏洩時には、自治体財政が破綻する　76
6. 警察の申請なら基本台帳原簿も閲覧できる　78
7. 防衛庁に住基ネット情報が漏れる　80
8. 自己破産者や犯罪者は、住基ネットによって暴かれる　82
9. 人間Nシステムが誕生する　84
10. 国民年金未加入者把握に住基ネットが活用される　86
11. 住基カードが違法に交付される仕組み　88

12　ウシは10ケタ・ヒトは11ケタで、管理して選別抹殺される　90
　　コラム3　盗聴法もこわくない・盗聴チェックリスト　92

第4章　想定できる被害や漏洩について……………………………95
　　1　住基カードが偽造され悪用されてしまう　96
　　2　住民票コード情報を、すでに名簿ブローカーが入手している　98
　　3　住基データが悪質な職員によって閲覧される　100
　　4　住基ネットがハッキングされる　102
　　5　住基ネット侵入実験の発表が中止された現実　104
　　6　ウイルス感染から情報が漏れる　107
　　7　住基ネットシステムは絶対安全ではない　109
　　8　住基ネットのパスワードが推測される　112
　　9　国民総背番号制で個人情報が、集約され監視される　114
　　10　住基ネットの基本情報漏洩により、考えられる被害　116
　　11　住民票コードがすでに流出しそうになった現実　118
　　12　住基ネットにより、アイドルの裏住所録が作成される　120
　　コラム4　名簿に掲載されない方法　122

第5章　個人情報が漏洩する仕組み………………………………125
　　1　名簿業者に顧客データが売られる　126
　　2　名簿やデータを売り買いする人と取り引き相場　128
　　3　教育機関から情報は漏れる　130
　　4　ごみからあらゆる個人情報が収集される　132
　　5　コンピュータの廃棄時に情報が抜き取られる　134
　　6　車のナンバープレートから、簡単に持ち主が割り出せる　136
　　7　懸賞応募は個人情報を業者に売っている　139
　　8　クレジットカード作成時には、情報漏洩に合意している　141
　　9　興信所・探偵社からプライバシーが暴かれる　143
　　10　あなたの周囲の人から個人情報が暴かれる　145
　　11　企業がネットマーケティング活動と称して、個人情報を収集している　147
　　コラム5　自己調査を事前にして結果を把握しておく　148

第6章　住基ネットからプライバシーを守る方法………………151
　　1　プライバシー権について把握する　152
　　2　住民票コードの受け取り拒否を実行すると　154
　　3　自分の個人情報閲覧履歴を開示請求しよう　156
　　4　住民票コードを回避する方法が存在する　158
　　5　住基ネットから多くの市区町村を、離脱させて消滅させる　160
　　6　住民票コードがパンクして稼働不能　162
　　7　法律によって守られるのか　164
　　8　他国の現状について　166
　　コラム6　住基ネットのアクセスログ開示請求　168

おわりに………………………………………………………………174

はじめに

　プライバシーの危機が叫ばれています。今こうしているうちにも、あなたの個人情報が誰かに、どこかで見られているのです。このことは住民基本台帳ネットワーク〈以下住基ネットと略す〉が本格稼働されたネットワーク社会において一層加速される可能性が強まりました。

　2003年7月時点の本格稼働で6情報（氏名、生年月日、性別、住所、11桁の住民票コード、変更履歴）が全国エリアのネットワークに流れて中央ホストに集約されます。これらの情報を国が自由に使えるようになりました。

　2005年4月に個人情報保護法が完全施行されました。参加拒否をしていた自治体も「完全施行されれば加入を検討する」とのことです。しかし、その法律が完全施行されたら本当に個人情報漏洩は防ぐことが可能なのでしょうか。

　韓国の場合は、すでに国民総背番号制が実施されて、全国民に12桁の番号が支給されています。アパートを借りる場合、銀行口座を開設する場合、大学を受験する場合、何らかの会員になる場合など、すべて12桁の番号が生活のあらゆるところに必要になっているのです。これは、北朝鮮などのスパイ対策のために利用されているという説もあります。

　現在は健康状況、10指の指紋情報、学歴情報などの150項目近くに拡大しているのも事実なのです。日本でも法律を変更すればいくらでも項目を増やせる可能性があることは言うまでもありません。

　2000年に政府のIT戦略本部で決定されたe-Japan戦略において「世界最先端のIT国家に」という目標を達成するために政府からの指針が二つ示されました。一つはIT基本戦略ともう一つがIT基本法です。IT基本戦略では光ファイバー網による超高速インターネット網の整備と、それによる行政内部の資料・情報収集・行政間文書の電子化などの電子政府構築を掲げ、IT基本法では 世界最高水準の高度情報ネットワークの形成を掲げています。その最初に行っていることが住基ネットなのです。しかし、住民のプライバシーを無視して、国が住基ネットを通じて番号で、管理しやすいように利用しているだけなのではないでしょうか。

　確かに住基ネット以外でも今のネットワーク社会において自分の知らないうちに情報が流出する可能性がありますが、この住基ネットでも完全に情報漏洩が防げることは不可能です。

　さらに本格稼働されたICカード化された住基カードを持たせて、各種住民サービスを受けたり身分証明にするように指導しています。このカードは携帯は自由なのですが、近い将来、携帯電話のように便利になる方向で進行すると、持たねばならない方向に向かうことでしょう。

　今後、住基ネットは、軍事目的などの選別に利用されることや、情報操作される可能性も高く、住基ネットが稼働することにより、国民の個人情報や個人のプライバシーよりも国による効率性が重視されているのではないでしょうか。もしも、50年後、100年後に時代が変わり軍事国家や独裁国家に移行してしまった場合のことを想像してください。そのときに後悔しても遅いのです。

　この書は住基ネットのあらゆる危険性を危惧していますが、一部、過大に論述している部分もあるでしょう。しかし、これらの危険は0ではないことは確かなことなのです。

第1章
住基ネットを理解する

縄文時代にいたのに
いきなりワープしてしまったワシ

1 住民基本台帳ネットワークシステムについて

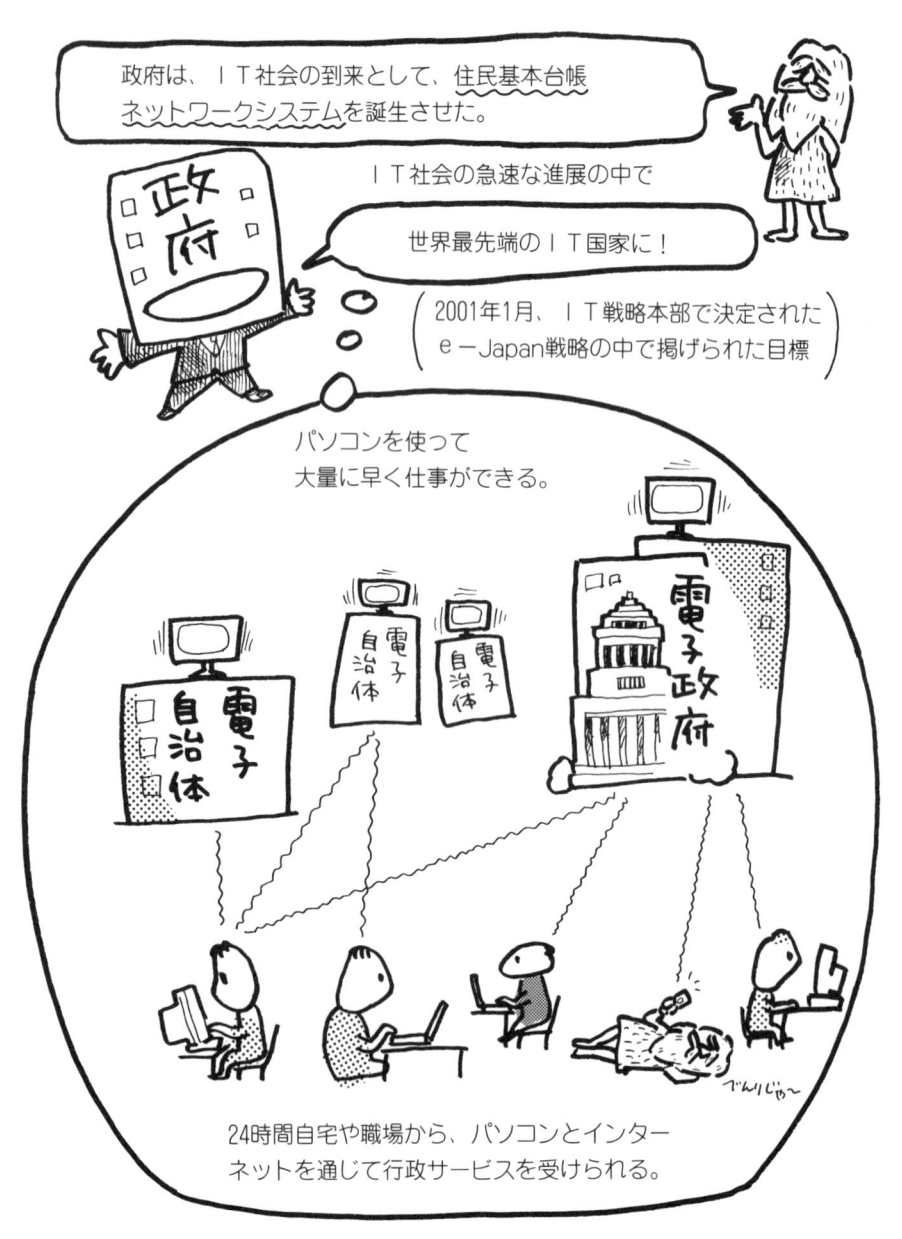

政府は、IT社会の到来として、住民基本台帳ネットワークシステムを誕生させた。

IT社会の急速な進展の中で

世界最先端のIT国家に！

2001年1月、IT戦略本部で決定されたe－Japan戦略の中で掲げられた目標

パソコンを使って大量に早く仕事ができる。

電子自治体

電子政府

24時間自宅や職場から、パソコンとインターネットを通じて行政サービスを受けられる。

住民が電子政府・電子自治体のサービスを受けるために 住民基本台帳ネットワークシステム を誕生させたということじゃ。

住民基本台帳ネットワークシステムとは

- 住民基本台帳を（地方公共団体共同のシステムとして）ネットワーク化することで、
  - 4情報（氏名、生年月日、性別、住所）
  - 住民票コード等

  を全国どこからでも確認できる。

- 公的個人認証サービスを行う。
  - 他人によるなりすまし
  - 文書の改ざん を防止する。

  それによって、全国共通の本人確認を可能にする。

住民基本台帳とは

（住民基本台帳法に基づいて
　　全国の市区町村（市区町村長）が作成するもの）

住民の居住関係の公証
選挙人名簿の登録
その他の住民に関する事務の処理の基礎となる制度
各市区町村において、住民票が世帯ごとに編成して作成されている。

市区町村が行う各種行政サービスの基礎として、行政の合理化や住民の利便の増進に役立っている。

住基台帳をもとに
選挙人名簿の作成
国民健康保険や国民年金の被保険者としての資格の管理
学齢簿の作成など

住民基本台帳法の改正により、住民票の記載事項として新たに 住民票コード が加えられた。住民票コードを基に、各市区町村の住民基本台帳のネットワーク化を図ったんじゃ。

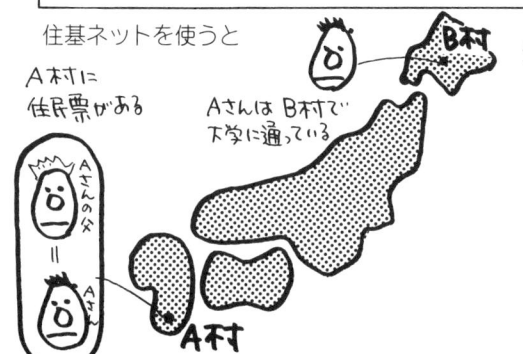

住基ネットを使うと

A村に住民票がある
AさんはB村で大学に通っている

住民票の写しを入手するのに今までなら、
　AさんはA村の役場まで行かなければならなかったが、住基ネットを利用すれば、
　B村の役場で申請書を提出後、本人確認をして交付を受けることができる。

第1章 住基ネットを理解する　7

2　住民票についての基礎知識

住民票とは

個々の住民について

氏名
出生年月日
男女の別
世帯主の氏名
世帯主との続柄
戸籍の表示
住所等

が記載されている。

⇧

住民基本台帳とは

その市区町村の住民全体の 住民票 を世帯ごとに編成して作成する公簿のこと。

⇧

住民基本台帳法とは

　住民票 や 住民基本台帳 に関する事務は住民基本台帳法によって規定されておるんじゃ。

・住民に関する事務処理の基礎をつくる。
　　　住民の居住関係の公証
　　　選挙人名簿の登録　　等
・住民の住所に関する届け出等の統合・簡素化を図るための
　　　　　　　　　　　　　　　　　　制度を定める。
・住民に関する記録を正確かつ統一的に行うための制度を定める。

これによって　住民の利便を増進する。
　　　　　　　国および地方公共団体の合理化を図る。

住民票には、住民のプライバシーに関する事項が記載されているにもかかわらず、住民票の写しの交付等の情報管理体制が不十分であったため

1985年 「住民基本台帳法の一部を改正する法律」により
　　　　住民基本台帳の公開制度を中心に大幅な改正が行われた。

改正以前……　[基本的には誰でも閲覧できる]

改正法………　[一定の場合に公開を制限する]

● 住民基本台帳の閲覧を請求する場合には、
　　閲覧請求者の { 氏名、住所、請求する住民の範囲、請求理由 }
　　を明らかにしなければならないことになった。

● 市区町村長は
　　・請求が不当な目的によることが明らかなとき
　　・閲覧により知り得た事項を
　　　　不当な目的に使用される恐れがあるとき
　　　等請求を拒むに足りる相当な理由があるとき
　　　は請求を拒むことができる。

しかし
この住民基本台帳は業者によって大量に自由に簡単な審査のみで閲覧されているのが現実なのじゃ。

戸籍について

住民票があるのにこれとよく似た、戸籍というものがある。住民票とはどこが違うかというと、戸籍は日本国民の、身分関係を公的に証明するものだ。これは日本だけの制度なんじゃ。

住民票の写し等交付申請書

東大阪市長殿　　　　　　　　　　　平成　　年　　月　　日

窓口にこられた方	住所			必要な方との続柄	☐本人 ☐同一世帯（　　） ☐親族（　　） ☐その他 （　　　　　）
	ふりがな				
	氏名	㊞　男・女			
	生年月日	明・大・昭 平・西暦	．　　．		

何に使われますか	※具体的に書いてください	使用目的により右の項目を必要な場合は☐にチェックしてください。	☐世帯主氏名・続柄 ☐戸籍の表示 ☐その他 （　　　　　　　　）

どなたのどの証明が必要ですか	住所	☐上と同じ ☐東大阪市	
	氏名	※必要な方の氏名を記入してください。	
	1	住民票世帯全員の写し	通
	2	住民票世帯一部の写し	通
	3	住民票記載事項証明	通
	4	その他（　　　　　　　　）	通
	住民票が市外の場合	※この請求は本人又は住民票が同一世帯である方に限ります。 ※以下のいずれかの書類を提示してください。	
		☐住民基本台帳カード	
		☐運転免許証等の写真付身分証明書 　住民票コードがわかれば記入してください→	

本人確認方法	☐住基カード ☐運転免許証 ☐パスポート ☐その他 （　　　）	証明書等番号	受付	FAX	作成	交付

平成　　・　　・　　　　　　　　　　　　戸・印・他　2・3・4（　　）

戸籍証明交付申請書

東大阪市長殿

平成　年　月　日

窓口に来られた方	住　所	
	ふりがな	
	氏　名	㊞　男／女
	生年月日	明・大・昭　　・　　・　　／受領者との続柄

● 必要なものの番号・種類を○で囲み何通必要か記入してください

何に使いますか	※提出先など具体的に書いてください

	本　籍	東大阪市		番地番		筆頭者の氏名	
1	戸　籍	全部事項証明（謄本）		通	※個人の証明が必要な方は、その方の名前を書いてください。		
		個人事項証明（抄本）		通			
2	除　籍（原戸籍）	全部事項証明（謄本）		通			
		個人事項証明（抄本）		通			
3	届書記載事項証明（　　　　届）			通			
4	受理証明書	婚姻	出生		通		
5	その他（　　　　　　　）			通			

受付	FAX	作成	交付

平成　　・　　・

住・諸・印・他　2・3・4（　　）

3　戸籍の役割と得られるデータについて

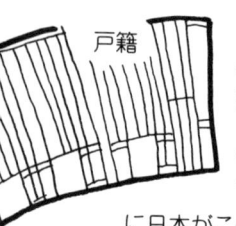

戸籍という身分関係の公証制度は日本だけの制度じゃよ。

台湾でも、この制度を採用しておるが、これは植民地時代に日本がこの制度を、輸出したからなんじゃ。

最近個人籍になった

戸籍制度は戦争のときに徴兵制度に大いに利用され、ドイツの独裁者ヒトラーがこの制度を採用するように検討していたとされておる。

現行戸籍法以前…………家単位の戸籍

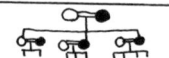

現行戸籍法（1948年〜）……夫婦と　これと氏を同じくする子ごとに編成

民法改正要綱によると（戸籍法は民法下にある）

- 婚姻適齢を男女共に満18歳とする。
- 女性の再婚禁止期間を100日に短縮する。
- 離婚原因に「五年以上継続して婚姻の本旨に反する別居をしている時」を追加する。

このほか

選択的別姓制度の導入を検討

婚姻をしようとする者は、婚姻の際に
　夫婦の共通の姓を称するか
　各自婚姻前の姓を称するかを定め
別姓を選択した場合は
　夫または妻いずれかの姓を子の姓として
　定めることとし、兄弟間の姓を統一する。
↓
別姓夫婦の子は、未成年の間は、特別の事情があるとき家庭裁判所の許可を得て姓の異なる父または母の姓に変更することができる。

など

戸籍謄本を交付請求できる者

- 戸籍に記載されている者またはその配偶者
  （交付請求の事由を示す必要がいらないとき）

- 国や地方公共団体の職員
  弁護士
  司法書士
  土地家屋調査士
  税理士
  社会保険労務士
  海事代理士
  弁理士
  行政書士
  ｝が職務上請求する場合

- 市区町村長が必要と認めた場合

これらの資格所持者に裏取り引きで委託した調査会社等が戸籍謄本を閲覧する場合も多々あった。本人確認が必要がなかったときには、本人になりすまして堂々と申請する場合もあった。近年は身分証明書の提示などをしないと交付されなくなった。

戸籍謄本から得られるデータ

1. 同じ戸籍内の全員の氏名
2. 筆頭者との続柄
3. 両親の名前
4. 婚姻、出生、離婚歴、養子縁組
5. 死亡、離縁
6. 婚姻相手の氏名、本籍地と筆頭者名

戸籍抄本………戸籍謄本は、同じ戸籍の者全員分の写し。
　　　　　　　戸籍抄本は申請した1人分の写し。

第1章　住基ネットを理解する・13

4 住基ネットの役割と目的

IT社会の急速な進展の中で、行政の高度情報化の推進、電子政府・電子自治体の構築が必要不可欠だと政府は主張しておるんじゃ。

住基ネットは、こうした要請に応えるための基礎となる全国共通の本人確認を実現するシステムで

本人確認 この人は本人にまちがいない

- 全国共通の本人確認が可能となった。

 都道府県／指定情報処理機関 が 住民票の情報のうち

 4情報（氏名・生年月日・性別・住所）
 住民票コード
 これらの変更情報

 本人確認情報

 を保有することによって。

- 住基ネットの本人確認情報を利用できる行政機関や利用目的は住民基本台帳法に限定されている。住民基本台帳法にはパスポートの交付や恩給の支給など264事務が規定されている。

- 住民基本台帳カード（住基カード）は、市区町村が条例で定めるさまざまなサービスを提供できる。

 メモリー部分（高度なセキュリティ機能を有するICカードを用いるとしている）
 住民基本台帳ネットワークシステムで利用する領域
 空き領域… ここを利用して、さまざまな住民サービスを提供できるとしている。

 そのためには、住民基本台帳法第30条の44第8項の規定に基づき、住基カードの利用目的、利用手続きなどについて、条例を定めて運用するように努力する必要がある。

しかし、住基ネットから離脱する市区町村などが存在している。

> 完全に個人情報が漏れないという保証がない。

> 個人情報の安全保護措置が十分に確認できない。

> 参加しません。

このような住基ネットの「空白」地域は今後も広がる可能性がある。

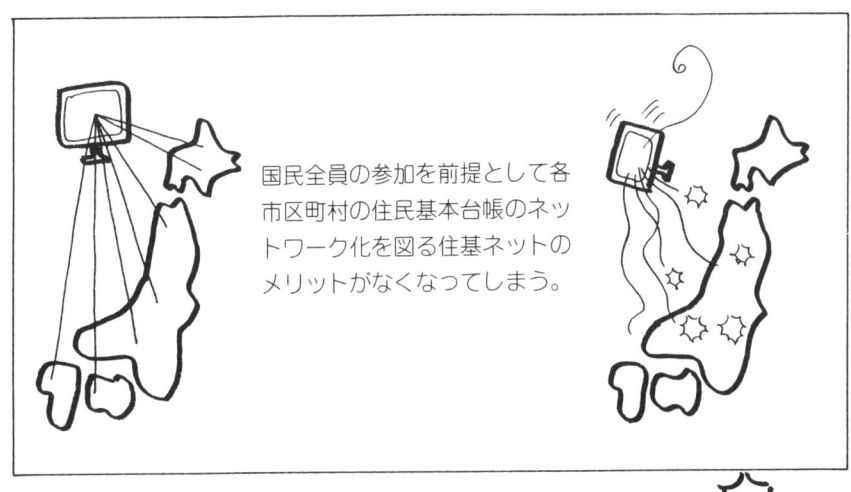

国民全員の参加を前提として各市区町村の住民基本台帳のネットワーク化を図る住基ネットのメリットがなくなってしまう。

住基ネットには参加しないことを市区町村長の判断で決められることにも疑問が残る。

この住基ネットの利便性を出すには推進している総務省が強制執行していかなければ無駄な投資になってしまう。

第1章 住基ネットを理解する　15

5 住基ネットの利便性や住基カードの役割

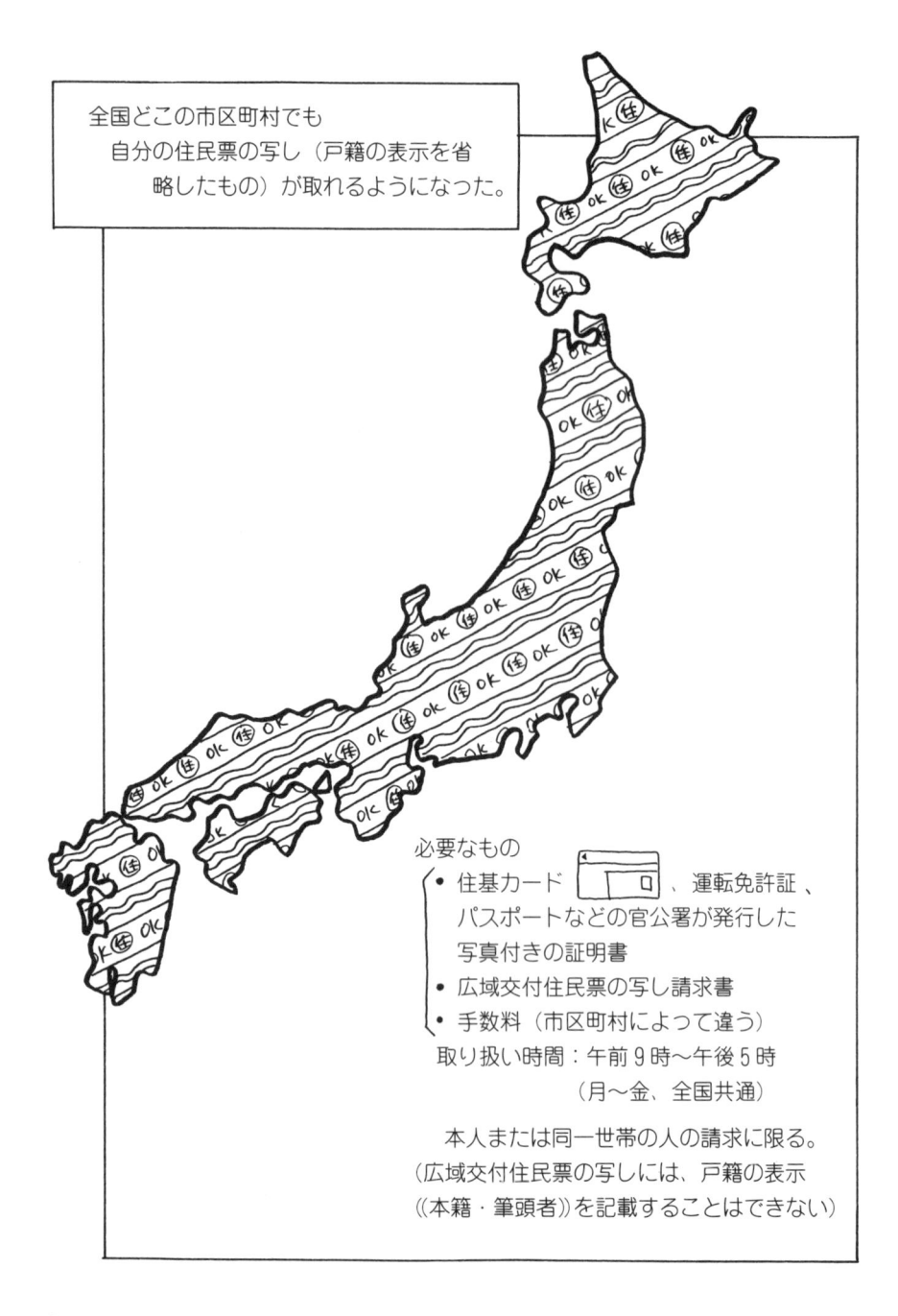

全国どこの市区町村でも自分の住民票の写し（戸籍の表示を省略したもの）が取れるようになった。

必要なもの
- 住基カード、運転免許証、パスポートなどの官公署が発行した写真付きの証明書
- 広域交付住民票の写し請求書
- 手数料（市区町村によって違う）

取り扱い時間：午前9時～午後5時
　　　　　　　（月～金、全国共通）

本人または同一世帯の人の請求に限る。
（広域交付住民票の写しには、戸籍の表示（（本籍・筆頭者））を記載することはできない）

引っ越しの場合

手続きで窓口に行くのは転入時1回だけで済むようになった。

住基ネット稼働前
　住んでいる市区町村に転出届を行い
　転出証明書の交付を受け
　引っ越し先の市区町村に転入届を行う。

住基ネット稼働後

転出証明書に載せている情報を電子情報として市区町村間で送信する。住基カードを引っ越し先の市区町村の窓口で提示することによって、窓口に行くのが転入時の1回だけで済む。
　　（一定の事項を記入した転出
　　　届を郵送で行うことは必要）

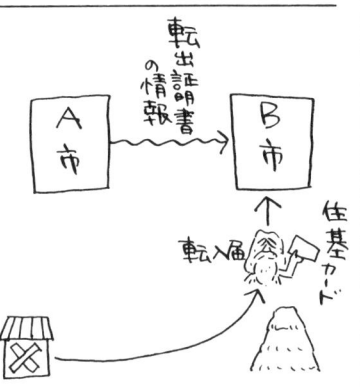

　　　転入届の際に　住基カードのパスワードで本人確認を行い
　　　　　　　　　　住基カードを回収する。
　　　　　　　　　　引き続き必要な場合は
　　　　　　　　　　　転入した市区町村で住基カードの交付を申請する。

要するに住基カードは、転入、転出時には作成し直すことになるが、少しだけ便利になることは言うまでもない。

6 住基ネットの具体的なメリットについて

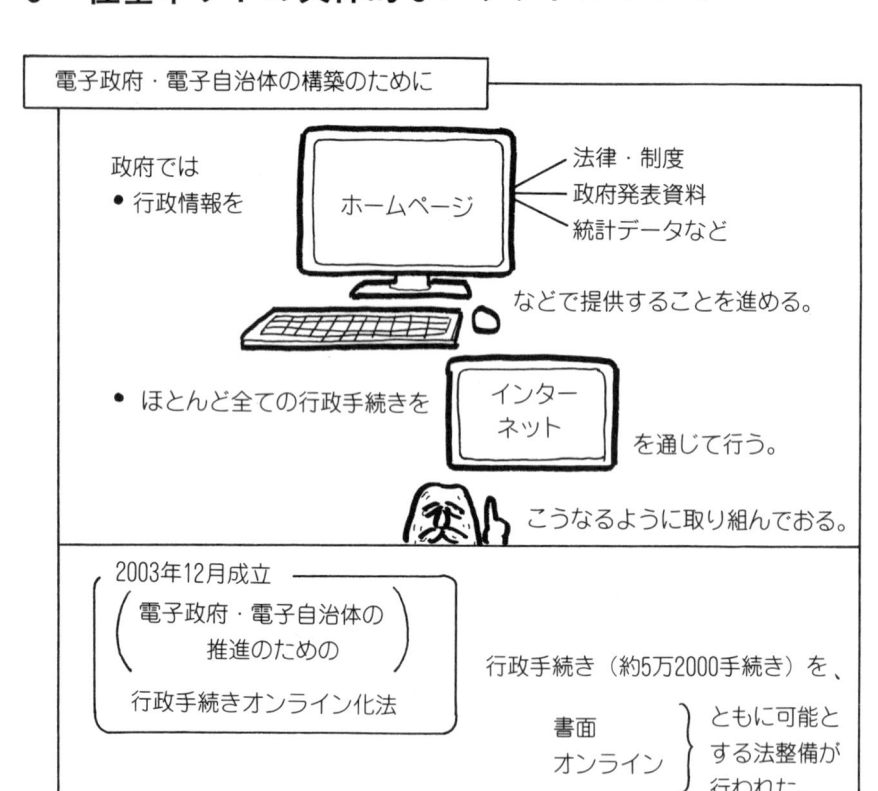

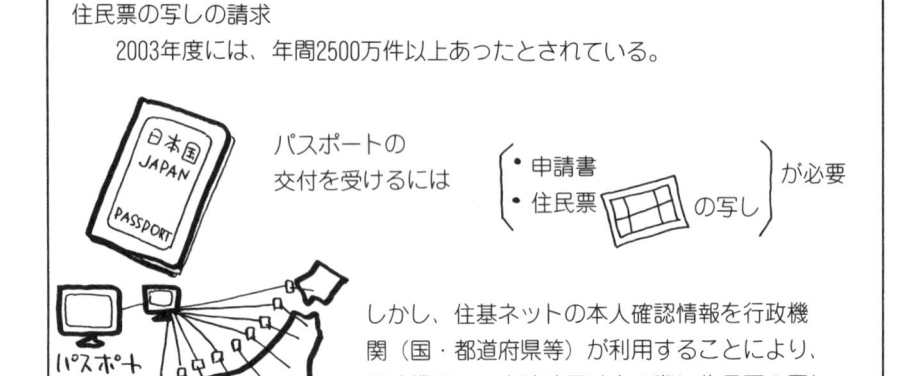

電子政府・電子自治体の構築のために

政府では
- 行政情報を　ホームページ　←法律・制度／政府発表資料／統計データなど　などで提供することを進める。

- ほとんど全ての行政手続きを　インターネット　を通じて行う。

こうなるように取り組んでおる。

2003年12月成立
（電子政府・電子自治体の推進のための）
行政手続きオンライン化法

行政手続き（約5万2000手続き）を、
書面／オンライン　ともに可能とする法整備が行われた。

住民票の写しの請求
　2003年度には、年間2500万件以上あったとされている。

パスポートの交付を受けるには
- 申請書
- 住民票の写し
が必要

パスポートセンター

しかし、住基ネットの本人確認情報を行政機関（国・都道府県等）が利用することにより、行政機関への申請や届け出の際に住民票の写しを添付したり、証明を受ける必要がなくなる。

住民票の写しの交付手数料
（200〜300円）の負担、

交付を受けるために市区町村
の窓口まで出かける負担、

交付を行うために
配置する多数の職員、

これらが
いらなくなるんじゃ。

国民年金や厚生年金を
受給している人は、

年に1回
現況届（生存確認の
ための届け出）
が必要だが、

年金の大半の現況
届等が不要となる。

社会保険センター

住民基本台帳ネットワークシステムのイメージ図

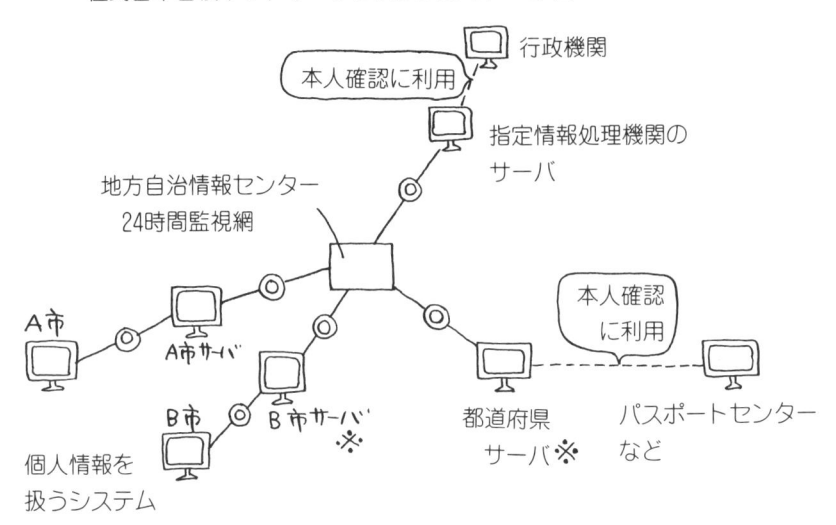

本人確認に利用 — 行政機関
指定情報処理機関のサーバ
地方自治情報センター
24時間監視網
A市 — A市サーバ
B市 — B市サーバ※
個人情報を扱うシステム
都道府県サーバ※
本人確認に利用 — パスポートセンターなど

※ サーバ；4情報などを蓄積し他のコンピュータにその情報を送信するためのコンピュータ。

◎ ファイアウォール（防火壁）；通信を制御するために、ネットワークの境界に設置される仕組み。自組織内のネットワークに、好ましくない通信が入り込むのを防ぐ。

7　住民基本台帳カードの交付について

住基ネットの第2次サービスの一つとして、2003年8月25日から、希望する人に対して市区町村から住基カードが交付されるようになった。

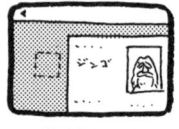

住基カードは、セキュリティの高いICカードでさまざまな活用が可能。ICカードは、ICチップで情報記録と情報処理を行うパーソナルコンピュータであり

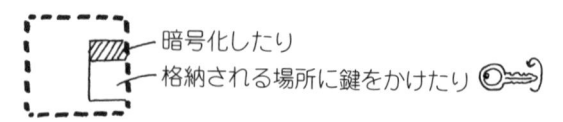

- 暗号化したり
- 格納される場所に鍵をかけたり

することで、アクセス権をコントロールすることができる。

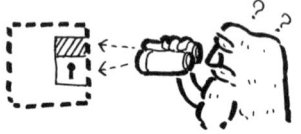

したがって「勝手に見られたくない、使われたくないなどの大切なプライバシー情報を格納する場合には、ICカードが安心」と説明されている。

住基カードの交付申請などの手続きは
{ 希望者に対して
{ 今住んでいる市区町村から
交付される。自分の住んでいる市区町村の窓口に申請する。
その日に交付できる市区町村と後日交付する市区町村がある。

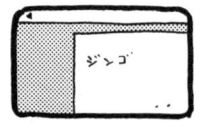

氏名が記載されたタイプ　または　氏名・住所・生年月日・性別写真も貼られたタイプ　のいずれかを選ぶことになっている。

手続きに必要なもの；住民基本台帳カード交付申請書
　　　　　　　　　　写真（写真付きカードを希望する人）
　　　　　　　　　　官公署が発行した写真付きの証明書
　　（交付の際に）パスワード（4ケタ）、手数料

官公署が発行した写真付きの証明書がない場合には、郵便による本人照会を行い、照会書を窓口に持参することになっている。

写真付きの住基カードは

身分証明書として活用することができる。

写真は ｛申請前6カ月以内に撮影したもの
無帽、正面、無背景の写真
縦4.5cm、横3.5cm｝

交付手数料は　無料～2500円

筆者の在住している東大阪市では500円だった。
（身分証として使用できるのは写真入りのタイプだけ）

有効期限は10年間で、他の市区町村に転出した場合には無効になり、交付した市区町村に返納するようになっている。

交付手数料まで取られるのなら申請する人は少なくなるのでは。政府が普及を目指しているのなら無料にする必要があるな。もうすでに申請されましたかな。

（様式3）
住民基本台帳カード交付・再交付申請書

東大阪市長　殿　　　　　　　　　　　平成　　年　　月

[申請書の詳細欄：窓口にこられた方（本人／法定代理人／親権者／その他／任意代理人）、住所、ふりがな、氏名、男・女、連絡先など]

※ 窓口にこられた方は、運転免許証等の本人確認ができる書面を提示してください。
　本人確認書類の提示のない場合は、照会書を送付しますので即時交付はできません。
※ 法定代理人の場合は、代理資格のわかる書面も提示してください。
※ 任意代理人の場合は、委任状等を提出してください。本人あてに照会書を送付しますので即時交付はできません。

[カードの交付・再交付申請をする方：住所（上記①の住所に同じ／東大阪市）、氏名（上記①の氏名に同じ）、住民票コード又は個人番号、性別及び生年月日（男・女、明治・大正・昭和・平成　年　月　日）、連絡先（上記①に同じ）]

カード様式B 写真貼付位置　6ヶ月以内に撮した、無帽、正面、無背景の写真　横35mm×縦45mm

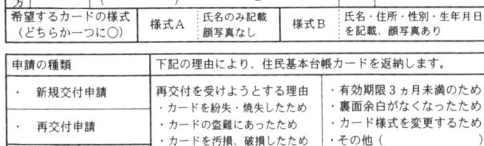

希望するカードの様式（どちらか一つに○）　様式A 氏名のみ記載 顔写真なし　／　様式B 氏名・住所・性別・生年月日を記載、顔写真あり

申請の種類
・新規交付申請
・再交付申請

下記の理由により、住民基本台帳カードを返納します。
再交付を受けようとする理由
・カードを紛失・焼失したため
・カードの盗難にあったため
・カードを汚損、破損したため

・有効期限3ヵ月未満のため
・裏面余白がなくなったため
・カード様式を変更するため
・その他（　　　）

カードの返納　有・無
※ 再交付の理由がカードの「紛失」「焼失」「盗難」の場合には、その事実を証する書類等を添付してください。

上記申請者の住民基本台帳カードを受領しました。

受領者氏名　　　　　　　　　　　　　㊞

必要項目の□にチェック（レ）してください

[市役所記入欄：本人確認方法（運転免許証／住基カード／パスポート／その他）、証明書番号、代理人確認方法（登記事項証明書／戸籍謄抄本（戸籍全部・個人事項証明書）／委任状／その他）、受付日（日・四・瀋・者／楠・布・近・本　平成）、受付／照合／入力／審査／通知／交付]

21

8 住基ネットにおける本人確認手段や、今後の利用方法

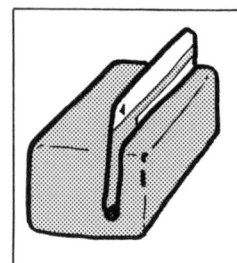

住基ネットワークシステムの端末に設置された
ＩＣカードリーダーに住基カードを差し込み
パスワード □□□□ を打ち込むことにより
本人確認情報　4情報　氏名
　　　　　　　　　　生年月日
　　　　　　　　　　性別　　　の検索ができる。
　　　　　　　　　　住所
　　　　　　　　住民票コード等

これにより

　住基カードが有効なのか
　パスワードが正しいものであるか　　　を確認できる仕組みになっている。
　住基カードを持っている人が本人
　　　　　　　　　　であるか

住基カード　で　行政機関への本人確認情報の提供
　　　　　　　　住民票の写しの広域交付の際の本人確認
　　　　　　　　転入転出の手続きの簡素化（住基カードを持つ人のみ）

今後の利用方法としては
　　住民基本台帳法第30条
　　によると

住民に便利か、行政の合理化に役立つなら利用ＯＫ。
利用機関は市役所と協定を結ぶこと。

総務省では、以下のようなサービスが考えられるのではないかと、
各市区町村に例を示してる。

証明書自動交付機	申請書自動作成機
災害時 　避難者情報の登録 　避難場所の検索	救急医療を受ける場合 　あらかじめ登録した本人情報 　を医療機関等に伝える
健康保険 　老人保険等の　資格確認	介護保険の 　資格確認	病院の診察券 として
公共施設の 　空き照会・予約	図書館の利用 図書の貸出し	公共料金等の決済
高齢者等の 緊急通報を行う	地域通貨 電子福祉チケット	公共交通機関 の利用	商店街での買い物の ポイント制に

第1章　住基ネットを理解する　23

9　住基カードの個人情報保護対策について

住基カードは　国 JAPAN が交付するものではなく
　　　　　　市区町村長 市長 が
　　　　　　　　住民の申請に対して
　　　　　　　　　　交付することになっている。

携帯が義務づけられることはない。

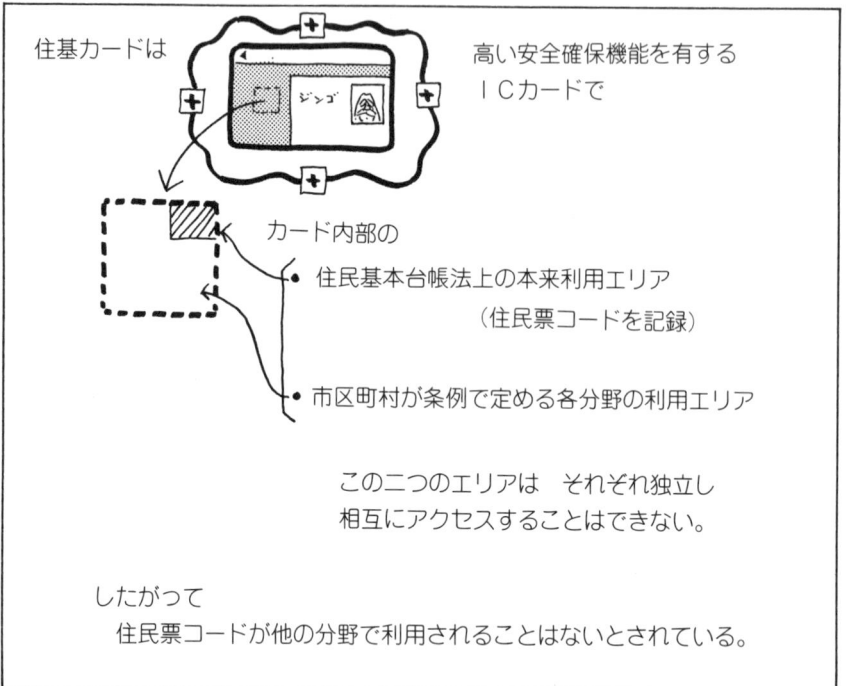

住基カードは　　　　　　　　　高い安全確保機能を有する
　　　　　　　　　　　　　　　ＩＣカードで

カード内部の
- 住民基本台帳法上の本来利用エリア
　　（住民票コードを記録）

- 市区町村が条例で定める各分野の利用エリア

この二つのエリアは　それぞれ独立し
相互にアクセスすることはできない。

したがって
　住民票コードが他の分野で利用されることはないとされている。

市区町村の独自サービスの範囲は
- 市区町村が条例で定める目的に限定される。
- 市区町村が許可したサービス以外のサービスは提供できない
　こととなっている。

また、市区町村で独自サービスを受けるかは
　　　住民が選択するように規定されている。

住基カードには、次のような安全対策がとられており
住基カードから個人情報が漏れることはないとされている。

- 本人がパスワードを設定し、利用するたびに
  パスワードの照合作業を行い、なりすまし行為な
  どの不正を防止する。

- 高度なセキュリティ機能を備えたICカードを採用してお
  り物理的・論理的な攻撃　　　が加えられると
  自動的に内部データを消去する仕組みが備わっている。

- 住基ネットと住基カードが相互
  に正当性を確認している。

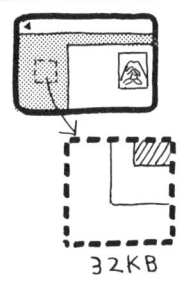

使用されるICカードは30キロバイトの容量を標準とする。
　　　　（全角文字で約1万6000字が入力可能）
　　このうち大部分は記録を読み書きするための鍵
　　などのセキュリティ対策に用いることになる。

空き容量を活用して
　　（市区町村が条例で定めるところにより）
　　独自の行政目的に活用することが可能。

32KB

このICカードは、今後検討される電子政府・電子自治体構想に
おける、公的認証制度にも活用されることになる。

ICカードの利用については、データベースにアクセス
するための鍵の役目をする機能が重視されている。
そうすると、1枚のカードを複数の目的で利用す
ることになるだろう。

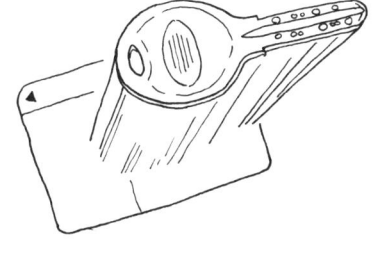

第1章　住基ネットを理解する

10 インターネットでの申請や届け出制度について

政府のIT戦略本部で決定された
e－Japan重点計画2002において、
行政の情報化及び公共分野における情報通信技術の活用の促進
つまり、電子政府・電子自治体の構築が最重要課題の一つとされた。

それは、原則24時間、パソコンとインターネットを通じて行政サービスを受けることができるということじゃ。

政府は、行政情報（法律や制度、政府発表資料・統計データなど）を

- ホームページなどで提供することを進める。
- ほとんどすべての行政手続きをインターネットを通じて行うことができるようにする

ように取り組んでいる。

電子署名　について

インターネット上のデジタル文書は
なりすましが簡単で、改ざん・加工が容易で
痕跡が残りにくいのが特徴じゃ。

デジタル文書で申請・届け出をインターネットで行うためには、誰が作ったのかを明らかにして

送信途中で改ざんされていないのを、保証することが重要じゃ。

セキュリティ確保の手段としては電子署名が必要になるのじゃ。

申請・届け出をインターネットで行うとき住民票の写しを添える場合

住基ネットワークシステムに、本人確認情報を送る。
- 4情報（氏名・生年月日 性別・住所）
- 住民票コード
- 電子証明証の有効期間
- パスワード

住民票の写しを提出する必要がなくなり、スムーズな手続きが可能。

この仕組みを使えるようにするため
行政手続オンライン化法で、
住民基本台帳法を改正して
住基ネットワークシステムを利用することができる事務を
264事務とした（171事務が付け加えられた）。

住基ネットワークシステムでは
個人情報の保護 をもっとも重要な課題としている。

そのため
個人情報保護に関する国際的な基準を踏まえた上で

制度面ーきまり
技術面ーIC
運用面ー

などあらゆる面で十分な対策を行っていることを主張している。

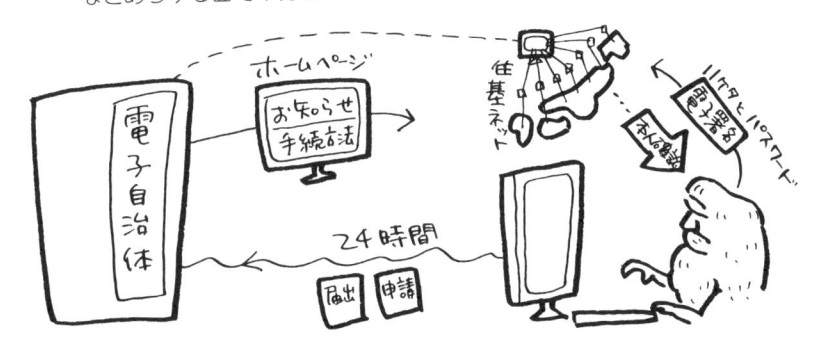

第1章 住基ネットを理解する

11　外部からの侵入と内部の不正利用の防止

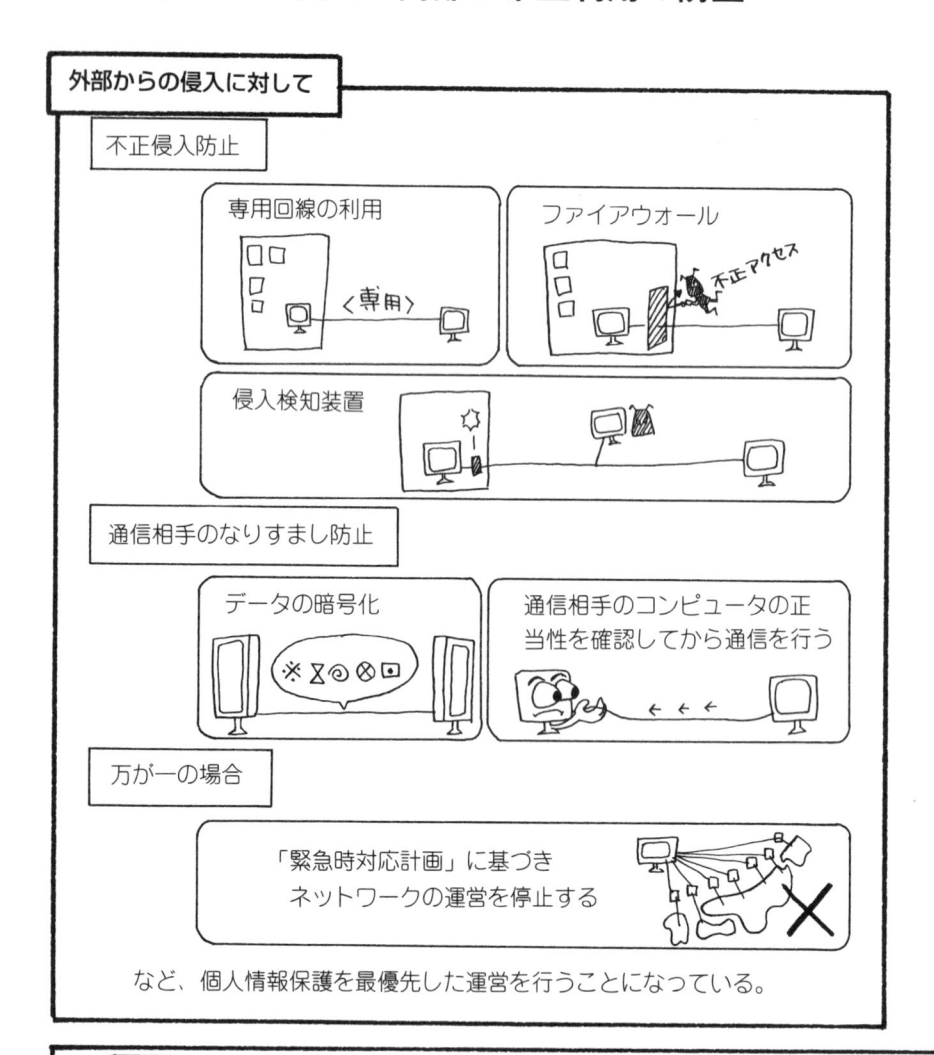

外部からの侵入に対して

不正侵入防止
- 専用回線の利用
- ファイアウォール
- 侵入検知装置

通信相手のなりすまし防止
- データの暗号化
- 通信相手のコンピュータの正当性を確認してから通信を行う

万が一の場合
- 「緊急時対応計画」に基づきネットワークの運営を停止する

など、個人情報保護を最優先した運営を行うことになっている。

住民票の写しの広域交付、転入転出の特例等の際には、市区町村から市区町村へ、続柄、戸籍の表示等の情報も送信されるが、都道府県や指定情報処理機関のコンピュータに保有されることはない。したがってこれらのコンピュータを通過することもない。

住民票コードは　→　P162参照

内部の不正利用に対して

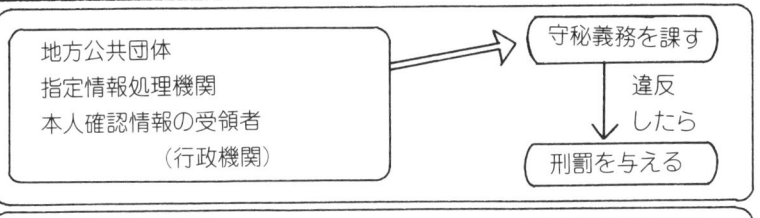

地方公共団体
指定情報処理機関
本人確認情報の受領者
　　　（行政機関）
→ 守秘義務を課す
　違反したら
→ 刑罰を与える

委託業者が秘密を漏らした場合
→ 刑罰を与える
（上の場合と同じ刑罰）

地方公共団体
指定情報処理機関
本人確認情報の受領者
　　　（行政機関）
→ 操作者用ICカード
　パスワード
　指紋認証等

正当なシステム操作者だけがコンピュータを操作できるようにする。

システム操作者ごとに住基ネットが保有するデータへ接続できる範囲を限定する。

コンピュータの使用記録を保存して定期的な監査を行う。いつ、誰が、コンピュータを使用したのか、追跡調査ができる。

都道府県や指定情報処理機関が保有する情報は※

- 利用できる行政機関
- 利用目的

を法律で具体的に限定している。

- 情報の目的外利用を禁止している（行政機関に）

　　※ 4情報（氏名・住所・性別・生年月日）と住民票コードと<u>これらの変更情報</u>
　　　└〔氏名・住所・性別・生年月日・住民票コード〕の
　　　　変更年月日、理由などの必要最小限の関連情報

コラム1

米映画『エネミー・オブ・アメリカ』は現実になる

　2000年に日本で上映された米映画『エネミー・オブ・アメリカ』を見られたかな。この映画は国家によるプライバシーの侵害をテーマにしたもので、弁護士のディーン（ウィル・スミス）は、あるビデオテープを手に入れたことから、家族ごと命をねらわれるはめになった。そのテープは、テロ防止を名目に"通信システムの保安とプライバシー法案"を作ろうとする国家安全保障局行政官レイノルズ（ジョン・ヴォイト）が「法案が成立すれば、国家は思いのままにプライバシーを侵害することができる」と主張している反対派議員を殺害した現場を撮影したものだった。そこで、情報ブローカー、ブリル（ジーン・ハックマン）と接触して国家安全保障局と闘うことになった。

監視衛星からのピンポイント撮影、ハイテク盗聴・盗撮器や指向性マイクを利用しての盗聴で追われる。

驚いたのはアメリカ版の住基ネットと言われる、社会保障番号による個人情報照会が行われたことじゃ。クレジットカードが情報操作をされて使えなくなり、銀行口座が調査されプライバシーが暴かれて監視された。

日本でも電話、ファクス、電子メールが知らない間にのぞかれる「組織犯罪対策法＝通信傍受（盗聴）法」が可決された。

「盗聴法」は、麻薬・覚醒剤などを売りさばく暴力団等の犯罪組織を取り締まるために盗聴捜査が必要になったからじゃ。しかし、通信は２人で行われるのが普通だ。だから、電話に関しては日本国民の全員が対象になった。警察に「犯罪の疑いがある」とされればその人と会話をした人のすべてが該当して、通話内容を合法的に盗聴される。

過去にも数件、盗聴法が適用されているが、その詳細な盗聴方法や時期は公表されなかった。これなら、摘発されたときのみ、盗聴法に従っているということになるのではないじゃろうか。

国民のプライバシー、通信の秘密、基本的人権が、公権力によって侵害される危険性が極めて大きくなったのではないじゃろうか。

「国の治安や安全を守るため」だけに、プライバシーを侵害することが必要なのじゃろうか。

本人確認ができません
本人確認ができません
本人確
住民票コードはなくすし
パスワードは忘れるし
まちがいなく本人!

第2章
住基ネットの脅威

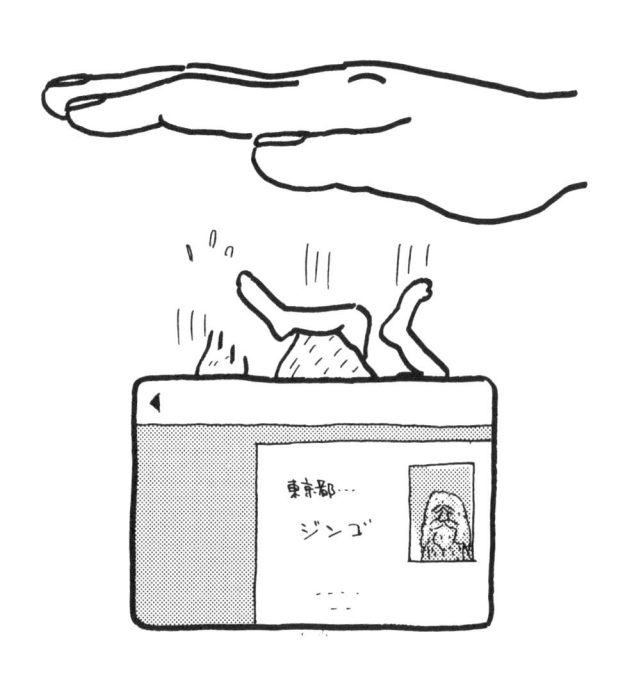

1　個人情報保護法の完全施行後も、住基ネットには関係ない

個人情報保護法　2005年4月に完全施行された。

個人情報を扱っている事業者は

- 利用目的の特定および制限、
- 利用目的の通知または公表、
- 漏洩防止、

などの義務を果たさなければならない。

↓　違反すると、

〔刑罰が科せられる〕

企業が集めた顧客情報や名簿等は

- 施行前……… 企業の財産 として保護される。

- 施行後……… 企業の財産
　　　　　　　　＋
　　　　　　個人情報保護

自由に財産として扱うことができなくなる。　　　顧客の承諾や許可なく関連会社や子会社などへの提供ができなくなる。

企業の対策

個人情報保護法は事業者が守らなければならない最低基準を定めているだけで、

この基準を守っていたとしても個人情報漏洩時に損害賠償などが請求されないということではない。

事業者は情報セキュリティ対策に積極的に取り組むことが重要になる。

個人情報取り扱い事業者とは、5000人以上の個人情報をデータベースで扱っていて、検索可能な状態になっているもの。

住基ネットと個人情報保護法との関連

個人情報保護法が成立していなくても → 改正住民基本台帳法によって保護されている　住基ネット上の個人情報

行政機関個人情報保護法

今、国会で審議されておるよ。

行政機関による個人情報の目的外利用や守秘義務違反を問う内容。

住基ネットで扱う個人情報の項目は4情報から追加される傾向にある。すでに追加した自治体もある。このようにいろいろな行政機関の持っている個人情報を簡単に集めることができると、政府にとっては都合が良いことなのじゃが、私たちにとってはプライバシーが集約されていることで恐ろしいことなのじゃ。

住基カードの普及率が高い自治体
データ調査

自治体の情報化進展度を調べる「e都市ランキング 2004」の一環で実施されたものじゃ。

　　　　調査票送付；3123自治体（市町村＋東京23区）
　　　　回答；2619自治体（回答率83.9％）
　　　　時　；2004年5月末時点

住基カードの普及率が高い自治体（2004年5月末時点）

順位	自治体名	都道府県	普及率(％)	住基カードの発行枚数
1位	宮崎市	宮崎県	9.2	2万8322
2位	水沢市	岩手県	8.6	5224
3位	箕輪町	長野県	3.4	835
4位	知多市	愛知県	3.3	2754
5位	宮田村	長野県	3.2	290
6位	羽曳野市	大阪府	2.8	3355
7位	三島村	鹿児島県	2.3	9
8位	押水町	石川県	2.2	198
9位	飯田川町	秋田県	2.0	100
10位	中川村	長野県	1.7	93

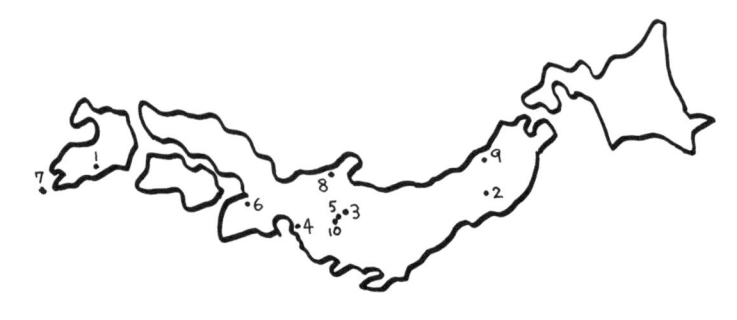

市と東京23区の住基カードの普及率は0.256%
町の普及率は　　　　　　　　　　0.139%
村の普及率は　　　　　　　　　　0.153%
市区町村全体の普及率は　　　　　0.236%

「初めて普及状況が分かったんじゃ」

1位　宮崎市（9.2%）は

- 従来発行していた印鑑登録証を廃止して住基カードへの一枚化を積極的に推進した。
- 住基カードを使って（自動交付機で）
  * 住民票の写しを取得できる。
  * 住民票記載事項証明書を取得できる。
  * 印鑑登録証明書を取得できる。

2位　水沢市（8.6%）は

- 住基カードで
  * 市立病院の再来予約ができる（インターネットで）。
  * 成人健保サービスを受けられる。
      検診結果の確認
      健康相談の申込み、など
          ほか、五つの独自サービスを提供。

このように住基カード作成によってプライバシーが集約されていることが現実になっておるんじゃ。

あんたもいつかは住基カードを作成しないと不便になるようなシステムを理解できたかな？

2　住基カードが他人に交付されて、なりすましが可能に

> このような事件が発生したんじゃ。複数の消費者金融から、最高限度額分のお金を借りたとされておる。

住基カード発行の仕組みは、第1章で述べたように、市区町村の役所等の窓口で本人確認のため、運転免許証のような写真付きの身分証明書が必要になる。しかし、身分証明書がない場合は、
　　その場で住所、氏名などを書いた 申請書 を提出し、
　　後日、申請書に基づいて郵送されてきた 照会書 を持参すれば、
身分証明書の提示なしにカードが発行される仕組みになっている。

> この仕組みが悪用されたんじゃよ。

総務省 は、これらの、不正に取得される事件に対応するために
　　住基カードを発行する際
　　　　窓口での本人確認を厳格化し
　　　　照会書を持参した場合も身分証明書の提示を
　　　　必要とするよう改めることを決めた。

「その身分証明書とは、どんなものですか?」

「市役所」「健康保険証などで対応します。」

健康保険証は

- パソコン・スキャナー・カラーコピーなどの印刷技術の進歩で簡単に偽造できる。

- インターネットでも偽造健康保険証が裏取り引きされている。最近も健康保険証の用紙を勤務先から盗みネットで販売したとされる男性容疑者が有印公文書偽造容疑で逮捕された。

今後の対策として

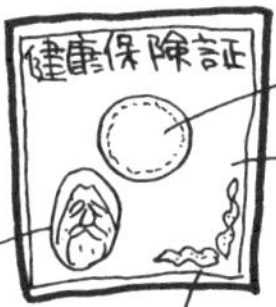

- すかし入り
- 特殊発光インキ
- 顔写真入り
- 深凹版技術 ← お札に使われている技術

（インキが表面に盛りあがるように印刷して、ざらつき感をだしたり、指で触るだけで識別できるようにしたもの。）

「こうでもしないと偽造されてしまう。」

健康保険証だけでどのようなことが可能になるかというと

- 消費者金融からお金を借りる。
- 偽名の銀行口座を開設する。
- 身分証明になる。

保険証には2種類ある
- 組合管掌健康保険証（会社の健康保険組合組織が発行）
- 国民健康保険証（各市町村が発行）

健康保険証コピー では、

消費者金融からお金は借りられないがほとんどの場合医療費は3割負担になる。
（団体旅行のしおりなどの注意事項の一つに「健康保険証のコピーを持参」とあるのをご存じかな）

悪用されないためには、健康保険証は簡単にコピーさせてはいけないぞ。レンタルビデオ屋の会員になったときなんかもな。

「あんたになりすましている人は『絶対にいない』とは言い切れんじゃろう。」

第2章 住基ネットの脅威

3　住民票コードの11ケタの番号が悪用される

私が開設している「情報110番COM」に上のようなメールが届いた。神奈川県に住む34歳の被害者からだ。金融業者を名乗る男は「債務から逃げられることはない。どこに逃げようがなんでも知っている」と、11ケタの住民票コードと銀行口座、家族構成、勤務先などを列挙して「とりあえず滞納手数料と利息分の5万円を明日までに振り込め」と言ったとのことだ。34歳の被害者は、過去に郵送されてきていた住民票コードを確認したところ、金融業者が話した11ケタの番号は正確だった。

私は一瞬、目を疑った。

電話で被害者に連絡してみると、この被害者は過去に 自己破産 していた。

恐らく金融機関から流出したブラックリストを使って金融業者が電話してきたのだろう。

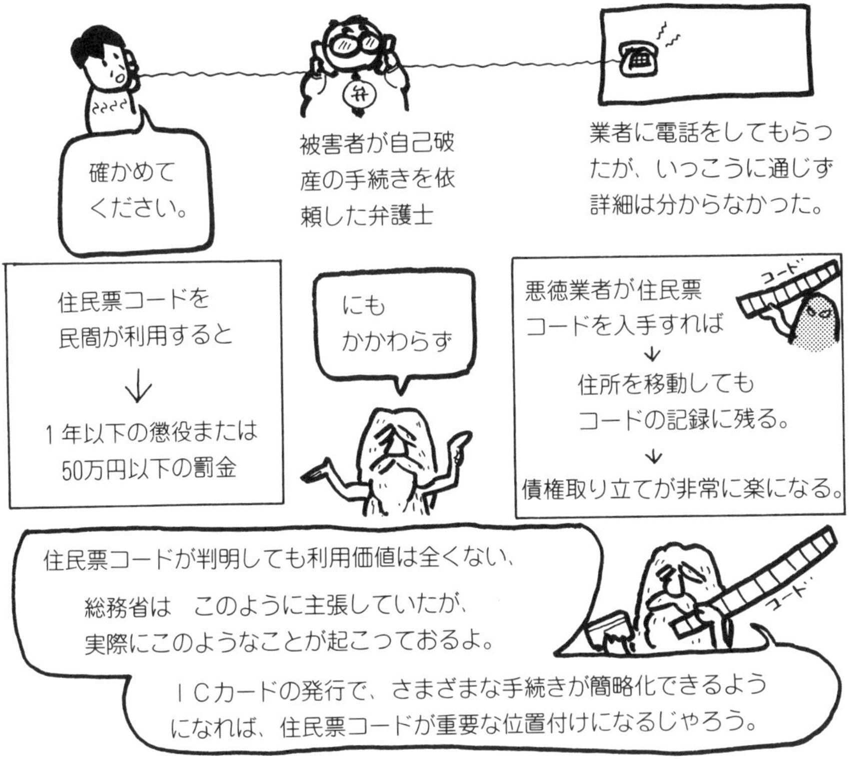

確かめて
ください。

被害者が自己破産の手続きを依頼した弁護士

業者に電話をしてもらったが、いっこうに通じず詳細は分からなかった。

住民票コードを民間が利用すると
↓
1年以下の懲役または50万円以下の罰金

にもかかわらず

悪徳業者が住民票コードを入手すれば
↓
住所を移動してもコードの記録に残る。
↓
債権取り立てが非常に楽になる。

住民票コードが判明しても利用価値は全くない、総務省は このように主張していたが、実際にこのようなことが起こっておるよ。

ICカードの発行で、さまざまな手続きが簡略化できるようになれば、住民票コードが重要な位置付けになるじゃろう。

住民票コード通知票　1枚中の1

住所	東大阪市■■■		
世帯主	藤田 悟		
1	住民票コード	08■■■■	
	氏 名	藤田 悟	
	生年月日	昭和40年10月9日	性別 男
2	住民票コード	■■■	
	氏 名	■■■	
	生年月日	昭和■年■月■日	性別 ■
3	住民票コード	■■■	
	氏 名	■■■	
	生年月日	平成■年■月■日	性別 ■
	住民票コード		
	氏 名	以下余白	
	生年月日		性別

あなたの世帯の住民票に上記のとおり住民票コードを記載したので通知します。

平成14年 8月 5日
東大阪市長　■■■

住民票コードは、今後、行政機関への届出等の際に求められる場合がありますので、本通知票を大切に保管してください。
住民基本台帳ネットワークシステムの本人確認情報は、法律により氏名・生年月日・性別・住所・住民票コードとこれらの変更情報に限定され、行政機関の利用できる事務についても、具体的に規定されています。（民間の使用も法律で禁止）
住民票コードは、本人が申し出ることにより変更できます。

勝手に番号が記載された「住民票コード通知票」が送られてきた

4 大量顧客情報流出事件は、住基ネットにも関係する

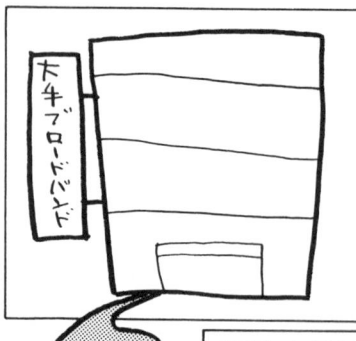

大手ブロードバンドサービスの

約450万人分の顧客情報が流出し、運営する会社が現金を要求されるという恐喝未遂事件が起こり

この大手ブロードバンドサービス代理店関係者などが逮捕された。

450万人分のデータ

流出した個人情報は

ブロードバンドサービス加入者・加入手続き中の人
無料キャンペーンで申し込んだ人や解約した人

の 住所、氏名、電話番号、メールアドレスとＩＤなど。幸いなことに、クレジットカードなどの信用情報は含まれていなかったと報道されている。

流出経路には代理店と派遣社員が関係していたことが分かった。

大手ブロードバンドサービス側では

代理店であっても顧客データベースにアクセスできない。派遣社員であっても絶対に情報を持ち出すことはできない。

と言ってるけど、本当にそうだったのかな……。

代理店側では
過去の加入歴の有無
二重登録
などを確認するために顧客データベースにアクセスする必要も発生するのではないだろうか。

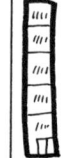

システム会社に
データベース管理を任す企業も多い。委託先から情報が漏洩したことも過去多数。システム管理者や関係者なら簡単にコピーすることができる。

左の事件の最悪の場合は

すでに転売されている。

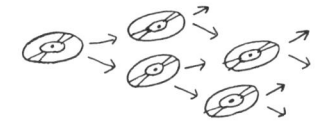

回収や完全抹消することは不可能。
永遠にどこかで残り続ける。

この手の個人情報流出事件では、ユーザー側での対策方法はない。個人では対策を講ずることはできないのじゃよ。

結論

・不正アクセスなどのセキュリティ面は技術の進歩で改善されてきているが、

・個人情報を取り扱う人の教育が遅れている。

これを住基ネットに置きかえると

住基ネットの情報に接することができる人
- 現在、住基事務に従事している職員
- その他職員
- メーカーやその下請け
- 合法的に本人確認情報に接することのできる提供先
  （この4分野の人に限られる。）

▶ 規約は、一般企業とほぼ同じ。

職員の中に一人でも、モラルのない人がいたり、名簿ブローカーなどに脅されたりした場合には、情報流出の可能性があるぞ。

名簿ブローカー

借金で首が回らない人を探し出して情報を買い取る。

私たちの個人情報は常に、これらの人たちによって漏洩の危険にさらされているのじゃ。住基ネットのデータもひっくるめてな。

5 住基ネットデータが、関係者の不用意から漏れてしまう

東北地方の某町でジュラルミンケースが奪われた。

中には住民基本台帳ネットワークのデータ、全町民約9600人分の個人情報が納められたコンピュータのバックアップ用テープが入っていた。

データには　全町民の　住所　氏名　生年月日　性別　移動記録　住民票コード　などの情報が含まれていた。

バックアップ用テープは幸いなことにマイクロテープなので、一般人が簡単に読み出すことは不可能に近いことだった。でも、専門家なら特殊な方法で解読も可能になるんじゃ！

盗難経緯；町から業務を受託しているコンピュータ関連会社社員が、役場でマイクロテープ3本にコピーし、ジュラルミンケースに入れて2カ所に鍵をかけ、社有車の車内に置いた。役場で用事を済ませて数分後に戻ったところ、車の窓ガラスが割られてケースがなくなっていた。

個人情報は、お金になる。

現金100万円

1000万人分の個人情報データが集約されているディスク

どちらのほうが価値があると思うかな？

当然、1000万人分の個人情報データなのじゃ。単純に安く見積もりして1人1円としても1000万円分の価値になるのじゃ。これらのデータは現金と同じような取り扱いが必要なんじゃよ。

最悪の場合には、町民からの民事上の損害賠償の対象になる可能性もある。今後は、今まで以上に自治体や業者の個人情報保護対策について、意識向上に努めなければ、自治体が破産することも考えられる。

さらに　関東地方の某市で、約9900人分の個人情報が載った住民基本台帳の閲覧用の写しが紛失した。

紛失したのは15冊ある台帳写しのうち1冊で、約3700世帯分の個人情報が記載されておったんじゃ。写しを閲覧した人が翌日、前日に引き続き閲覧しようと手続きしたところ、なくなっていることが分かったのじゃ。

住民基本台帳の閲覧は、厳重に管理されている。ほとんどの市区町村では閲覧者は身分証明書と申請書を提出して認められた場合のみ閲覧できることになっている。当然、閲覧の際に職員を立ち会わせることが決まりになっている（ハンドスキャナーによるコピーの持ち出しを禁止するため）。この市では、このことも守られておらず、ずさんな管理体制だったみたいじゃ。

閲覧用の写しには　氏名、生年月日、住所、性別の4情報が記載されている。このリストを転売しても安価だが、マーケティング活動にとっては貴重なリストだ。
持ち帰れば転記する手間もはぶける。

本件は、閲覧者の一人が持ち帰った可能性が高い。一刻も早く転売されずに回収されることを願う。

住基ネットの管理についても、各市区町村に任せるのではなく国が責任を持って整備していかねば、必ずこのようなことが起こるだろう。

第2章　住基ネットの脅威　45

6 他人の住民票コードは簡単に入手できる

自分の住民票コードの入手を試みる

住民票をください。

住民票コードの記載がない。

住民票コードを記載したものを交付して下さい。

住民票コードは一般の方には全く必要性がありません。

知る権利がある。

健康保険証などの本人確認ができるものをお持ちですか。

そのときに何も持参していなかったので、すぐには交付されなかった。簡単には交付されない仕組みになっていた。

【 過去には 】

「住民票コード通知」（1次稼働に伴って送付）が透けて見えた。
視覚障害者にとっては、住民票コードを第三者に読み上げてもらうほかに自分のコード番号を知る方法がなく、他人に漏れることになった。

自分の住民票コードを知りたいときは、過去に送られてきた通知や身分証明書を提示して住民票コードが記載された住民票の交付で確認できる。

⇩

でも、他人のコードを知ることはできない！

⇩

ほんとに？

他人に住民票コードを簡単に知られてしまった例

聞き出す

- 市役所職員（住基ネット担当）を装って、住民票コードを聞き出す。

- 社会保険庁だと偽って、
  勤務先の電話番号
  家族構成、収入関係などを聞き出す。
  〈年間数千件あると社会保険庁が発表〉

- 「全国社会保険事務センター」など、架空団体名の文書を使って

偽造保険証を使う

偽造保険証は、インターネットの掲示板で2万円前後で取り引きされておるよ。

有印公文書偽造・同行使と詐欺
などの罪に問われるのに偽造は跡を絶たない

偽造保険証を入手したい人が多いのだ。

〔偽造保険証と架空銀行口座〕がセットで販売されていたりする。

偽造保険証は使われてもすぐには偽造と気付かない。

逮捕された他の詐欺事件での顧客振り込み
用の口座から判明することがほとんどだ。

詐欺用の口座

健康保険証は顔写真がついてないので、
他人になりすますことが可能だ。

その他

悪徳金融業者がターゲットの男性にお金を貸したとする念書を偽造し、市役所の窓口に提示。

「借金を取り戻すため、民事訴訟を起こすのに必要だ」などと、虚偽の報告をして住民票を不正に取得した。

今後も悪徳金融業者による
　住民票コード入手事件は起こるじゃろう
　　有印公文書偽造のリスクを冒してでも）

健康保険証は顔写真入りに！

7 住基ネットの蓄積情報が民間に売られる

現在、住民基本台帳は正式な理由があれば誰もが閲覧することが可能である。

住民基本台帳法の第11条
　　不当な目的でない限り、氏名、性別、住所、生年月日の載った住民基本台帳の一部の写しを閲覧できる。

閲覧の申し込み方法（市区町村によって異なる。）

団体名、担当者、電話番号、希望日、午前か午後 を書いて申し込む。

↓

簡単な審査後に閲覧できる。
＝
閲覧にあたっては申請書及び誓約書を提出の上、閲覧する人の住所、氏名などを閲覧申請用紙に記入する。

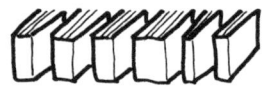

閲覧台帳は　　　　　　字、丁目ごとに区分されそれぞれに冊子になっている。

希望の場所を指定すると、職員がそのつど台帳を出してくる。住民基本台帳の写真撮影、コピー機等の使用は禁止。

　　住民基本台帳閲覧の大半がダイレクトメール（DM）業者で、1カ月に1万件以上閲覧する場合もある。情報公開条例に基づき、閲覧状況を開示請求することもできるんじゃよ。

九州のある市での閲覧率が最大で
あった某通信教育社の広報担当者

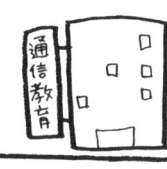

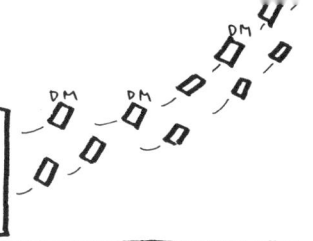

ダイレクトメールが不快な場合は連絡してもらえば、今後一切、DMを送付することはありません。個人情報はDM以外に使わないという社内規定を徹底しています。閲覧制度はマーケティング活動の一環であり重要な要素を占めています。今後も閲覧させてもらいます。

でも、悪質な業者が閲覧することもあるぞ。

もし

法律が改正されて

住基ネットの集約された情報
（住所、家族構成、所得、購買履歴、通院病歴情報、職業）などが

この住民基本台帳と同じように地域繁栄や営業目的のため、民間でも利用される可能性も否定できない。

もし、今後蓄積される恐れのある
住基ネットのデータが閲覧可能に
なると、個人情報は丸裸状態になる。

8 住基データが戦争の人選に利用されてしまう

米英軍のイラクへの攻撃・侵略に支持を表明していた日本政府は、自衛隊派遣を決定した。

政府は「有事法制3法案」
- 武力攻撃事態法案
- 自衛隊法改正案
- 安全保障会議設置法改正案

が2003年6月に成立した。

法律は
- 日本が戦場になるとき
- 米軍が日本の領域外で行う戦争に自衛隊が参加したとき

この両方を含めて戦争する可能性を認めたもので可決されると、国民すべてに戦争協力が義務づけられることになる。

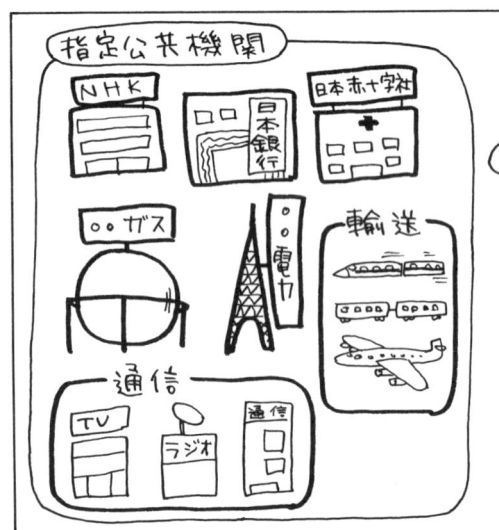

指定公共機関：NHK、日本銀行、日本赤十字社、○○ガス、電気、輸送、通信（TV、ラジオ、通信）

自治体

民間企業

これらが戦争体制に強制的に組み込まれることになる。戦争協力業務に従事させられることになる。この命令に違反したら「6月以下の懲役又は30万円以下の罰金」という処罰がされる。

過去の戦争を経て

サイパン島玉砕　沖縄集団自決　東京大空襲

（第2次世界大戦での日本の死者は200万人以上。アジア全体の死者1000万人以上。比較：スマトラ沖地震での死者数、20万人。）

日本は二度と戦争のない未来をめざして歩き始めた。

平和　平和　平和

しかし、それは過去の話になった。

これは違う見方から推測すると

住民基本台帳ネットワーク法の成立は
国民を監視下に置いた徴兵のための名簿づくりとも考えられる。戦争ができる準備だと。

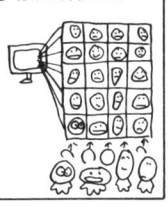

そのことを裏付けるような事件が発生した。

2002年6月

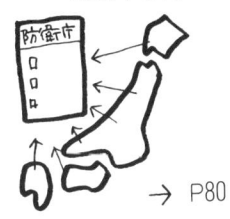

防衛庁 → P80

自衛官募集に利用するため、防衛庁が住民基本台帳のデータ提供を受けていたことが判明した。情報提供をしていた自治体は800市町村になる。このうち332市町村の情報には、住民基本台帳法で閲覧が認められている住所、氏名、年齢、性別の4情報以外に、保護者や電話番号、職業が含まれていた。中には個人の健康状態や思想・信条とともに重要なプライバシーまで含まれるものもあった。

国家による国民の一元管理なくしては有事体制（戦時体制）は成立しないので、反戦運動、労働運動などの活動家は常に監視されることになるだろう。

いざ戦争というときに「治安維持」を理由に住基ネットを利用されないことを祈るしかない。

第2章　住基ネットの脅威　51

9　住基ネットの住民票コードが身体に刻印される

アウシュビッツ強制収容所をご存じかな。この収容所はヒトラーがユダヤ人のために建てた施設で、ユダヤ人がこの収容所に送られてくると、まず衣服を脱ぐように命令される。そして、それぞれのユダヤ人には番号が割り振られて、腕にその番号の入れ墨が彫られる。ユダヤ人たちは、腕に囚人番号のような入れ墨が彫られてからは、名前がなくなり、番号だけで識別されるようになる。明らかに物としての扱いじゃ。

国内でも同じように囚人番号という番号制度がある。何か法に違反する行為をして警察沙汰になった場合に、検察に送致されて起訴されると、刑罰によるが、刑が確定するまでは「拘置所」に入ることになる。その拘置所生活で囚人番号が付与される。それ以後、点呼などの場合を含めて拘置所での全ての生活は番号で行われる。名前を名乗ることは禁止されている。

この囚人番号制度は、すでに罪を犯しているので、肉体的、精神的に国家によって束縛されるのは理解できる。しかし、住基ネットをはじめとするデータベース化されているものに番号がどうして必要になるのか。不思議に思われるかな。

そのことについて簡単に解説すると

データベース構築は、多くのデータから重複するものは許されない仕組みになっている。たとえば氏名についても同姓同名の人が存在していた場合には、他の方法によって識別するようにコンピュータに命令を下さないとデータベース化できないことになってしまう。これは、データベース化の基本で、十分に理解することができる。

一般の方（特に番号を付与されて意味もなく拒否運動をしている人）は、このことを知らずに一方的に憤慨しているのじゃ。

番号付与は、システムを構築するには仕方ないことなのじゃ。

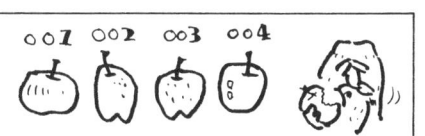

しかし、データベース化する必要性を十分に説明せず、国家が人に番号をつけてしまうというのは、許せないことじゃ。

今後、アウシュビッツ強制収容所ならぬ我が国で「身体に番号刻印を入れる」という法案が可決しないことを祈る。

第2章　住基ネットの脅威　53

10　住基カードのICチップが、体内に埋め込まれる

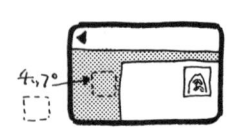

住基カードに埋め込まれている極めて薄い半導体集積回路ICチップが体内にも埋め込まれる可能性がある。

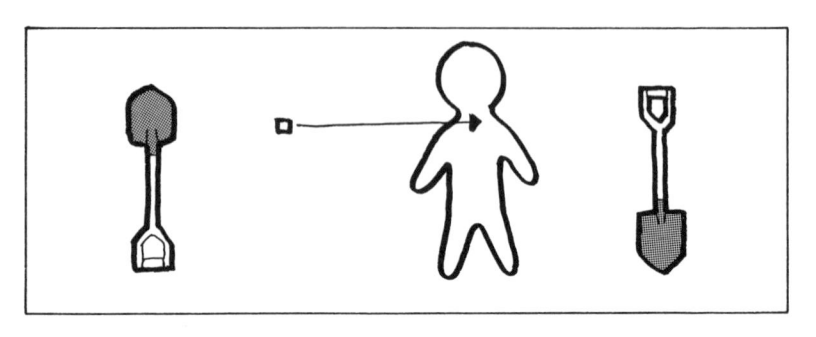

アメリカの食品医薬品局（FDA）では、手足が麻痺している患者の脳に4センチ四方のICチップを埋め込む臨床実験が認可された。

別の業者は、アルツハイマー病や糖尿病、心血管疾患など複雑な治療が必要な病気の患者にICチップを腕の脂肪組織に注入し使用する実験も行っている。

このチップに記録されているデータを「リーダー」と呼ばれる読み取り機で照合して、15ケタのID番号で管理して今後の治療に利用するための研究も進んでいる。

日本では体内にＩＣチップが埋め込まれた事例はない。
しかし、犬や猫の、ペットには採用されている。

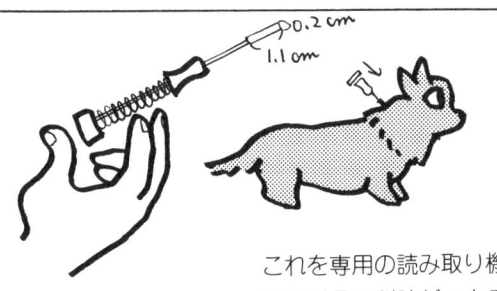

犬に関しては、チップは長さ約11ミリ、直径約2ミリと小さく、動物の首の後ろの皮下に、専用の注射器を使って獣医師が埋め込む。

これを専用の読み取り機で読み、識別番号の判読ができる。

多くのペットがマイクロチップを装着していれば、ペットが迷子になったり、事故に遭った場合にも、ほぼ100％の確率で、飼い主に返ることが推測される。

盗難や血統書の偽造も防止できる。

ペットの世界にも監視社会は推進されている。
もし、ＩＣチップの回路が誤作動を起こしたりクラッシュしたりすればどうなるのだろう。
そうなれば予測もできない大変なことになるだろう。

アメリカの学者は「人類は脳にチップを埋め込むなどして進化しなければ、いずれコンピュータに支配されてしまう」と、主張していた。人体へのチップ埋め込みが承認されればあんたならどうするかね。

第2章 住基ネットの脅威

11　国勢調査と住基ネットとの怪しい関係

関西のワンルームマンションに住む女性Ａさん（35歳）は前回の国勢調査の3カ月前に結婚した。3度目の結婚でもあり、そのワンルームマンションは同居は禁止になっているので、まわりの人には内緒にしていた。

国勢調査に、そのことを正直に記入した次の日大家さんが契約違反と怒鳴り込んできた。

国勢調査とは総務庁長官が指定して政府が全国民について行う人口調査で10年ごとに行わなければならないとされている。

国勢調査を行った年から5年目に当たる年は、簡易な方法により国勢調査を行うものと定められているが、最近では2000年に調査が行われ、生年月日、住居の種類や建て方、5年前の居住地や学歴、収入の種類などについて調査を実施した。

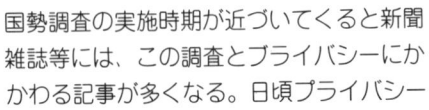

国勢調査の実施時期が近づいてくると新聞雑誌等には、この調査とプライバシーにかかわる記事が多くなる。日頃プライバシーについて無神経な多くの国民が、唯一関心を抱く時期でもある。

国勢調査

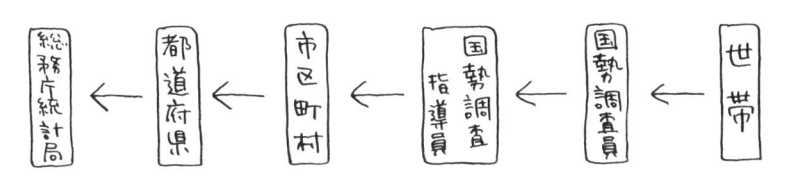

世帯 → 国勢調査員 → 国勢調査指導員 → 市区町村 → 都道府県 → 総務省統計局

国勢調査は 国が任命する約80万人の調査員と、それを取りまとめる約8万5000人の指導員によって実施され、調査員は、自分の担当地区で調査票を配布し回収する役で、指導員は、彼らの指導をするのが仕事だ。その調査員の顔ぶれも市区町村単位で募集するために、近所の知り合いであることが多くなる。

調査項目は、 国籍 や 住居の種類 住宅の床面積の総数 世帯員の数 配偶者の有無

など、細密な調査になる。この調査票を見れば、この家庭のプライバシーは丸裸だ。

できればこのような調査を拒否したいと、いつも誰もが考えるだろう。

しかし、国勢調査を放棄するとそれに対しての罰則もある。

住基カードも今は携帯の義務は発生していないが、所有が強制になって、拒否すると、国勢調査のように処罰を伴うようになることも否定できない。

国勢調査は、プライバシーに関する項目が多く、廃止するかプライバシーに関する項目を削除するなどの考慮が必要ではないじゃろうか。そうこうしているうちにまた、国勢調査の季節がやってくるぞ。

第2章 住基ネットの脅威

国勢調査は、どんな法律に基づいているか。
「統計法」に基づいて行われる。
この法律では、正確な統計を作るために、申告の義務、調査員をはじめとする調査関係の守秘義務、統計目的以外への使用禁止などが定められている。

調査の結果はどのように利用されるのか。
　法律などに基づく利用
　　議員定数の決定、市や指定都市の設置、地方交付税・交付金の算定、都市計画の策定。
　行政施策などへの利用
　　福祉、雇用、防災、環境などに関する各種の行政に欠くことのできない基礎資料として利用される。
（国勢調査のパンフレットから）

国勢調査（大規模調査）の調査事項

1．世帯員に関する事項	2．世帯に関する事項
・氏名	・世帯の種類
・男女の別	・世帯員の数
・出生の年月日	・家計の収入の種類
・世帯主との続柄	・住居の種類
・配偶の関係	・居住室の数
・国籍	・居住室の広さ
・現住居に居住した時期	・付宅の建て方
・前住地	
・在学・卒業等教育の状況	
・就業状態	
・所属の事業所の名称及び事業の種類	
・仕事の種類	
・就業上の地位	
・就業地又は通学地	
・就業地又は通学地までの利用交通手段	

＊今後これらの項目が増える可能性もある

12　血液型やDNA情報が住基カードに

あんたは匿名で新聞社や雑誌社などに手紙を送ったことがあるだろうか。その手紙の切手をなめた唾液から血液型やDNA（デオキシリボ核酸）が判明するのを知っているかな。

DNA（デオキシリボ核酸）とは

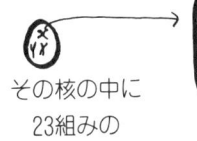

ヒトの身体を作っている60兆個の細胞の一つひとつに 　→　核があり、　→　その核の中に23組みの染色体がある。 　→　その一本ずつの染色体の中にDNAが入っている。

DNAとは、遺伝の生物学的単位で

髪の毛の色 　や　目の色 　などや、

血液の酸素運搬能力といったより微妙な特性を決定している遺伝子。

ヒトは、約10万個の遺伝子を所有していると推定される。

実質的にそれらの遺伝子のいずれか一つにでも欠陥があれば、病気をしたり、ガンになったりすることもある。体力や性質といったものも、多数の異なる遺伝子の相互作用により形成されている。

各遺伝子は、細胞中の活動性遺伝子と非活動性遺伝子の形態から生じている。細胞が分裂する際に自己を正確に複製することが可能で、最近ではこれらの遺伝子で、ガン治療などが行われている。

手紙を出した地域は簡単に消印などから特定できることは分かるが、それらの項目は分かっても本人を特定できることはないと思っていないだろうか。

住基カードには病歴などの医療情報が集積される予定なので、匿名で新聞社や雑誌社などに手紙を送ったとしても、

その手紙の郵便切手を唾液で貼っていた場合には血液型やＤＮＡ情報が判明して、

住基カードの情報と照合させれば、その人を特定することも可能になるんじゃ。

いくら匿名であってもこれらのことが分かれば匿名投稿も匿名ではなくなってしまう。どうしても絶対匿名を主張したいのであれば、切手は大量に市販されているのりなどを使用しなければならない。

アメリカでは1994年ごろから親子を識別するＤＮＡ鑑定が盛んに行われて民間の鑑定会社も存在している。月に2000件ほどの依頼があるとされている。日本でも、このアメリカの会社と提携してＤＮＡ鑑定会社が設立されて月に100人程度の依頼がある。そのほとんどが男性で、妻の不倫を疑って実の子かどうかの鑑定依頼が多い。

これからも　ますますこのＤＮＡ鑑定が盛んになるが、住基カードにＤＮＡ情報までも蓄積されないことを祈るばかりじゃ。

13 住基カードがIC免許証と統合される現実

最近、道路にはハイテク装備された交通監視システムが普及している。
その一つが

ドライバー交通完全管理システム

2010年 完成予定

IC免許証の導入がその一つ

IC免許証

ICチップ
メモリーの記憶容量は推定25キロバイト

新聞見開き5枚ぐらいの情報量

当然、IC免許証と住基カードを統合させられる危険がある。

住基カードはIC免許証と同じようなICカードのメモリー領域を持ち、本人情報が収められて、残った領域は市区町村が条例を定めることにより自由な利用が可能になる。

IC免許証

住基ネットの利用方法のうち
　「国の行政機関が、法によって定められたことに利用すること」
　に従えば

公安委員会の免許証情報をメモリーすると

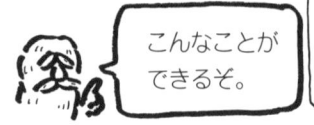

免許証更新時の作業の簡素化

申請 → 作成

こんなことができるぞ。

交通違反の反則切符の時間短縮化

（最低20分はかかる）

このような利用方法は建て前論で
　Hシステム（高速走行抑止システム）
　Nシステム（自動車ナンバー自動読み取り装置）
などと連動させて完全にドライバーを監視するために導入される恐れがある。

このＩＣ免許証と住基カードの統合で、ドライバー個人までの単位で管理できるようになってしまう。

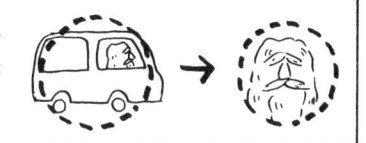

もっと恐ろしいことは

ＩＣ免許証をクレジットカード機能と連動させて
　高速道路料金
　自動パーキング料金など、すべてを

ＩＣ免許証のクレジットカード機能で支払い
ＩＣ免許証を差し込まないと作動しないようにしたり、

交通情報以外の犯罪歴などの警察が独自に持っている情報を取り入れる

などの案が検討されている。

実現されて交通捜査に利用されると

交通検問を突破。

住民票コード345…が何々通りの何々筋を5分前に通過。過去に結婚詐欺、銃刀法違反、アルコール中毒の入院歴あり、注意願います。

ＩＣ免許証の導入が現実に実施されれば、たとえば検問に遭遇したとき、そのＩＣ免許証を提示すれば一瞬にして今どこからどのルートでここまで来たのか、過去の違反、検挙、前科などが判明するようになる。覚醒剤常習者であれば、トランクやダッシュボードまでたんねんに調べられることもあるだろう。

反則金の支払い方法も直接ＩＣ免許証から支払うことになり、滞納などは一切できないことになる。

このままだと、本当に、このような時代が来るじゃろう

コラム2

あなたのプライバシー関心度チェックリスト

次の項目について○×でチェックして、あんたの
プライバシー関心度を分析してみておくれ。

1. [　]街頭アンケートに答えたことがある。

2. [　]新聞、雑誌などの広告を見て
資料請求をしたことがある。

3. [　]粗品や謝礼につられて
モニターをしたことがある。

4. [　]個人情報雑誌に投稿したことがある。

5. [　]インターネット上でオンライン
ショッピングをしたことがある。

6. [　]キャッシュカードなどの利用明細書を
ばらばらに破らずごみ箱に捨てる。

7. [　]NTTのナンバーディスプ
レイサービスを知らない。

8. [　]クレジットカードを持っている。

9. [　]レンタルビデオ店の会員に
なっている。

10. [　]通信販売で商品を購入
したことがある。

11. [　]車のナンバーからその車の所有者
を割り出せることを知らない。

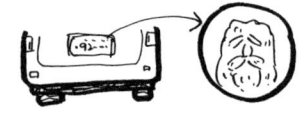

12. [　]個人情報を売り買いする名簿
　　　　業者が存在していることを
　　　　知らない。

13. [　]本人以外でも住民基本台帳を
　　　　閲覧できることを知らない。

14. [　]コードレス電話を愛用している。

15. [　]コンビニ、銀行、道路などに監視
　　　　カメラが設置されていることを
　　　　知らない。

16. [　]懸賞に応募したことがある。

17. [　]電話帳に自宅電話番号が載っている。

18. [　]携帯電話を所有している。

どうじゃったかな？
あんたは、下のうちのどれにあたるかな？

○が14個以上　　もうすでに個人情報が売り買いされている。

○が10〜13個　　あぶない。ちょっと要注意。

○が6〜9個　　ひょっとして漏れているかも。

○が3〜5個　　関心度大、たぶん大丈夫。

○が2個以下　　関心度最大。

第2章　住基ネットの脅威　65

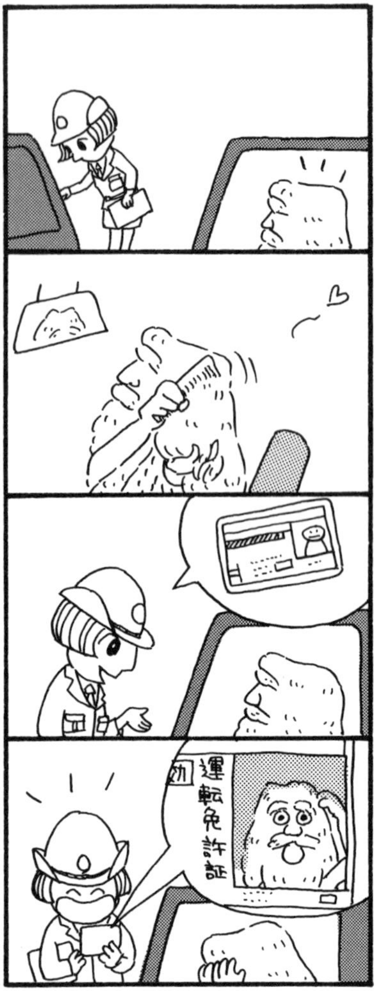
運転免許証

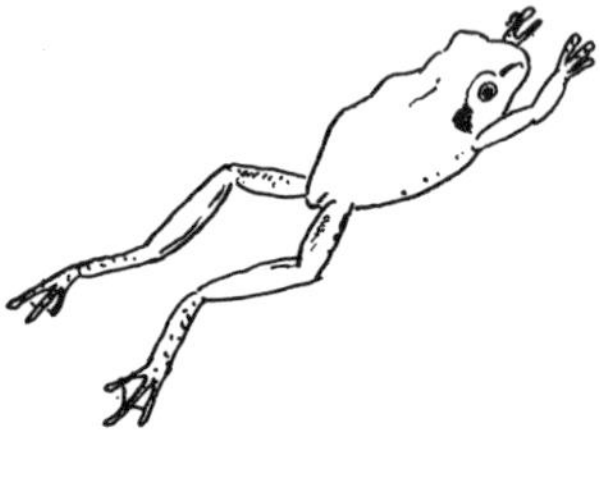

第3章
住基ネットは危険すぎる

1 住基カードがないと救急搬送時に、診察を拒否される

住基カードは、希望者のみに 配布される

しかし、これからもそうなんじゃろうか。

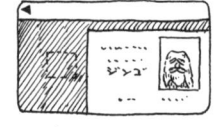

政府は、住基カードのメモリーの空き領域を利用してさまざまな住民サービスを提供するように考えている。

たとえば
- 定期検診
- 健康診断または健康相談の申し込み 結果の照会。
- 本人情報を医療機関等に提供する（事故、急病のときなど）。
- 病院の診察券等として利用する。

すると

急病の場合 → 住基カードで → 既往症 基礎疾患の有無 → OK! テキパキ スムーズな診療が受けられる。

住基カードがないと瞬時に対応できない。

ホームレスの男性が夜中にいくつかの救急病院で診察を拒否されているうちに衰弱死したり（千葉県）

食べ物を喉につまらせて意識不明になった幼児が市内のどの救急病院にも「小児科医がいない」と受け入れを拒否され死亡したり、

こういうことは全国各地で起こり社会問題になっておる。

某救急病院
満床などのためだけで拒否することはありません。しかし、すでに別の搬送者の救急治療中や当直医の人員などによる受け入れ態勢によっては他の病院に回ってもらうこともあります。

消防本部 救急隊長
守秘義務があり、すべてのことに関しては教えることはできません。いつ、どこから、どこの病院に搬送されたかの証明ならできます。診療拒否問題については病院側に問い合わせてほしい。

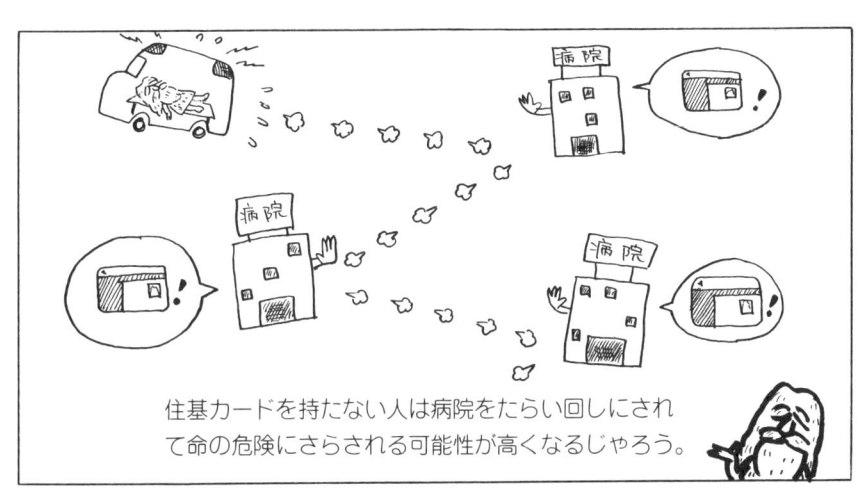

住基カードを持たない人は病院をたらい回しにされて命の危険にさらされる可能性が高くなるじゃろう。

第3章 住基ネットは危険すぎる 69

2 住基ネットのICカードがスキミングされる

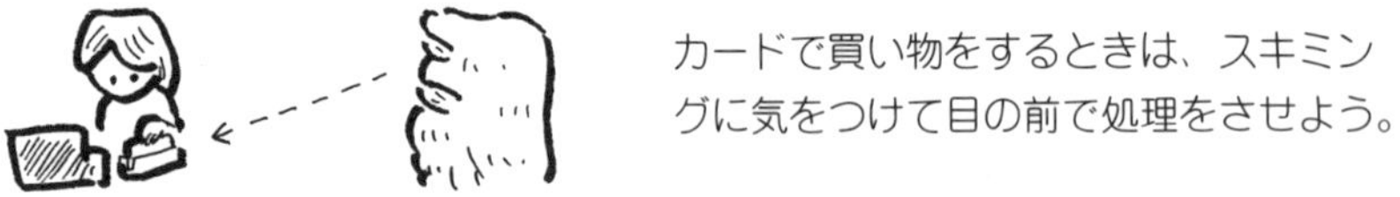

クレジットカードが手元にあるのに

知らない間に使用されて請求書が来る。

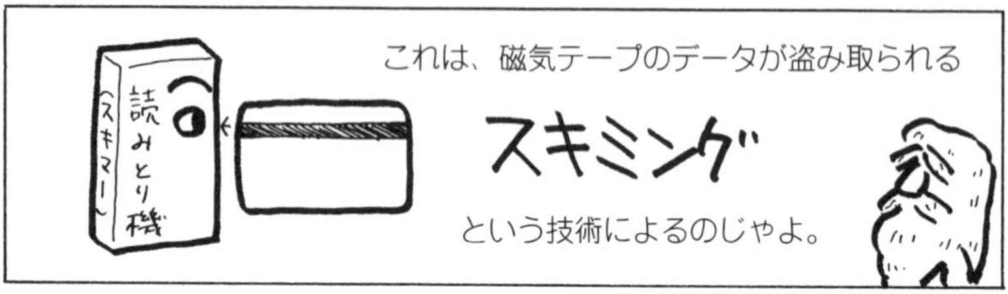

これは、磁気テープのデータが盗み取られる**スキミング**という技術によるのじゃよ。

カードで買い物をするときは、スキミングに気をつけて目の前で処理をさせよう。

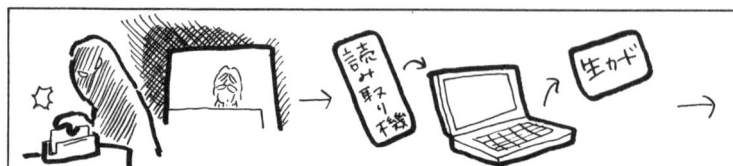

知らないうちにデータ読み取り機で情報を盗まれ → プラスチック製カードに読み取ったデータが書き込まれ → 使われてしまう。

東京都内のホテル内の店舗のクレジットカード信用照会端末器の内部に

読み取り装置が仕掛けられていた。

記憶装置　アンテナ付きの無線発信機

偽造グループが受信装置を積んだ車で無線の届く範囲に近づけば容易にデータの回収ができた。

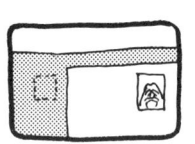

住基カードのIC（集積回路）の容量は総務省は「30キロバイト前後になる」としている。

これは文字データにして約1万5000字に相当する。

2キロバイト＝住民票コード（11ケタ）・名前・性別・生年月日・住所

残りバイト……各自治体が条例で決める　たとえば

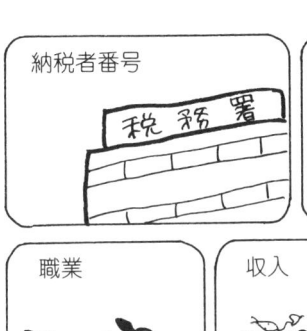

- 納税者番号
- 運転免許証番号
- 金融機関の口座番号
- 職業
- 収入
- 遺伝子情報
- 貸出図書
- 学校の成績
- 病歴
- 投票行動

これがスキミングされたら！！

第3章　住基ネットは危険すぎる

3　JRの「Suica」「ICOCA」カードは、住基カードの事前研究

非接触ICカード が誕生した。

定期入れに入れたまま軽くかざすだけで改札を通過することができる。

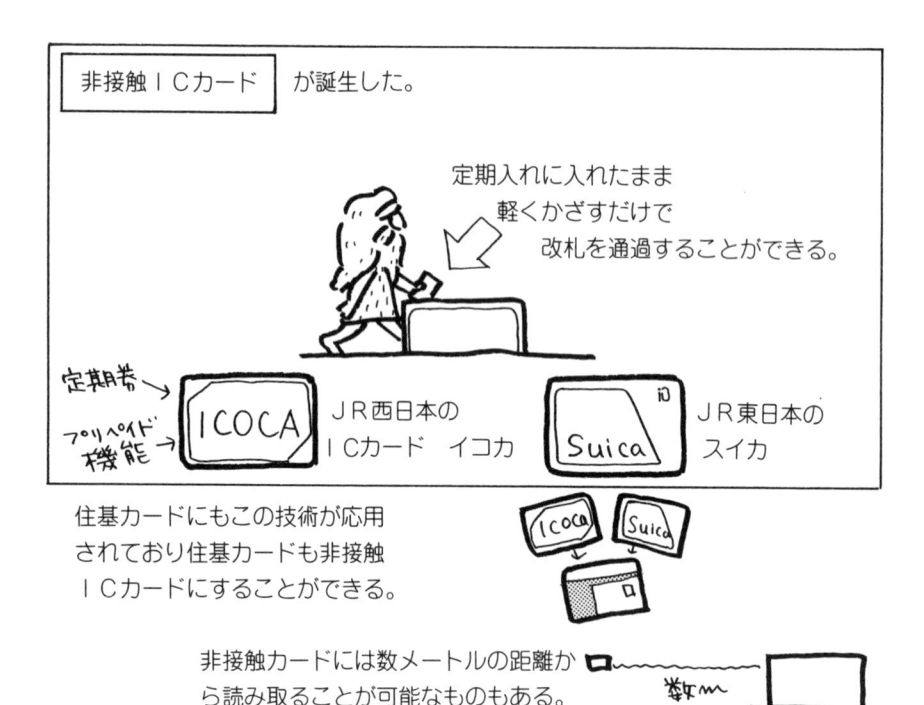

定期券→
プリペイド機能→

ICOCA　JR西日本のICカード　イコカ

Suica　JR東日本のスイカ

住基カードにもこの技術が応用されており住基カードも非接触ICカードにすることができる。

非接触カードには数メートルの距離から読み取ることが可能なものもある。

カードを持っているというだけで、読み取り端末を通過すれば自分の行動を特定されてしまう。

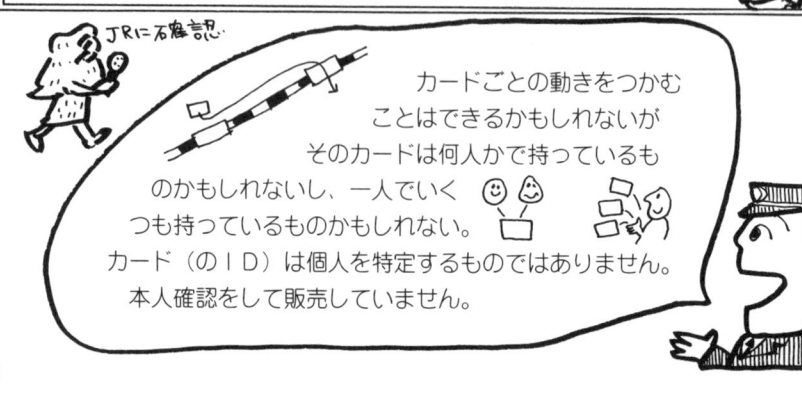

JRに確認：

カードごとの動きをつかむことはできるかもしれないがそのカードは何人かで持っているものかもしれないし、一人でいくつも持っているものかもしれない。カード（のID）は個人を特定するものではありません。本人確認をして販売していません。

情報の一極集中

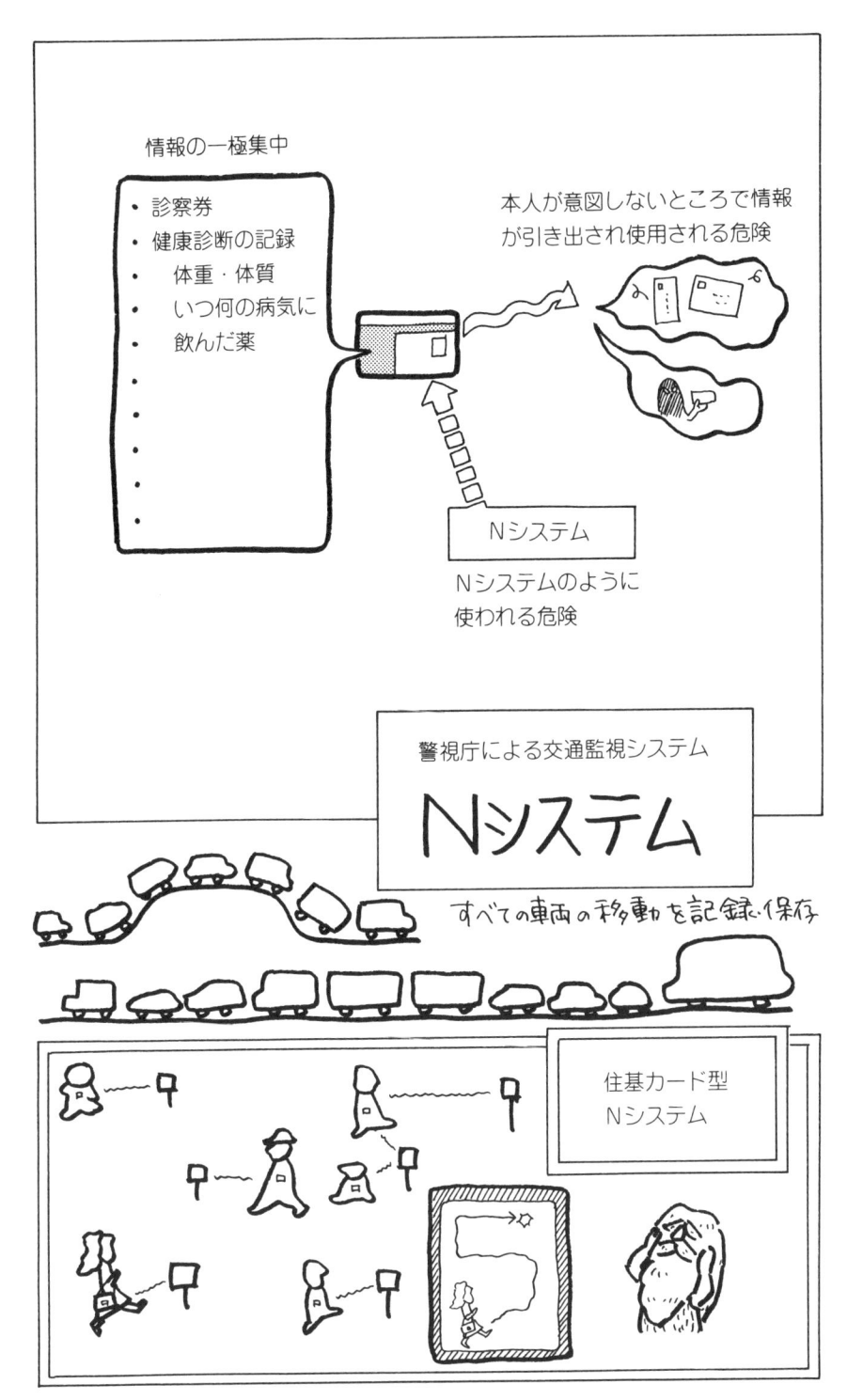

- 診察券
- 健康診断の記録
- 体重・体質
- いつ何の病気に
- 飲んだ薬

本人が意図しないところで情報が引き出され使用される危険

Nシステム

Nシステムのように使われる危険

警視庁による交通監視システム

Nシステム

すべての車両の移動を記録・保存

住基カード型
Nシステム

第3章 住基ネットは危険すぎる 73

4 「ICタグ」読み取り装置から、個人情報垂れ流し時代に突入

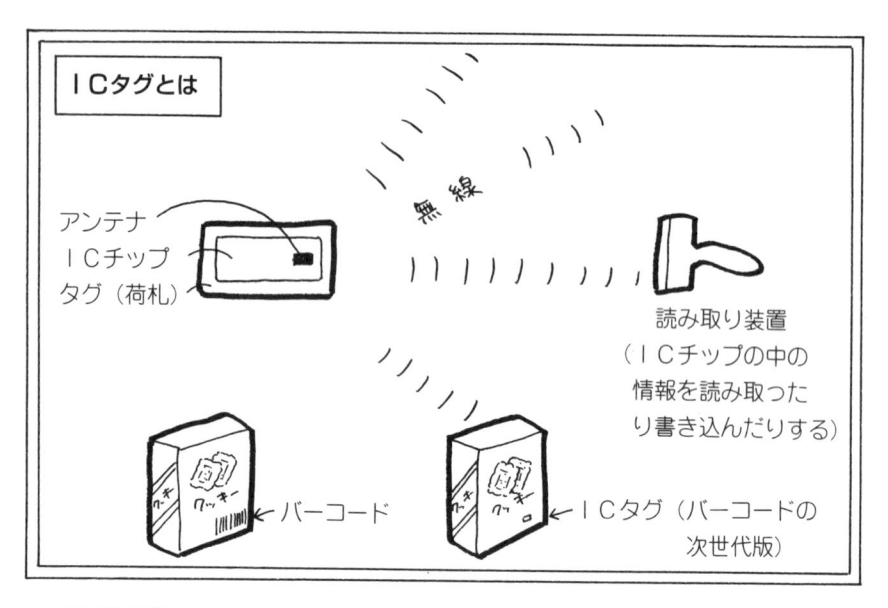

ICタグとは

- アンテナ
- ICチップ
- タグ（荷札）

無線

読み取り装置
（ICチップの中の情報を読み取ったり書き込んだりする）

バーコード

ICタグ（バーコードの次世代版）

	バーコード	ICタグ
保存できる情報量	数十ケタ	数千ケタ
情報の書きかえ	できない	できる

ICタグ
- 「Suica」「ICOCA」、道路公団の「ETC」に使用。
- 住基カードにも導入予定。

そのほかのICタグの利用方法

養殖魚　餌・使った薬　フムフム

万引き防止

観光地ポスター　ICタグのついたストラップ　かざす　⇒　観光地のwebサイト　---▶　メールが送信されてくる（登録した携帯電話に）

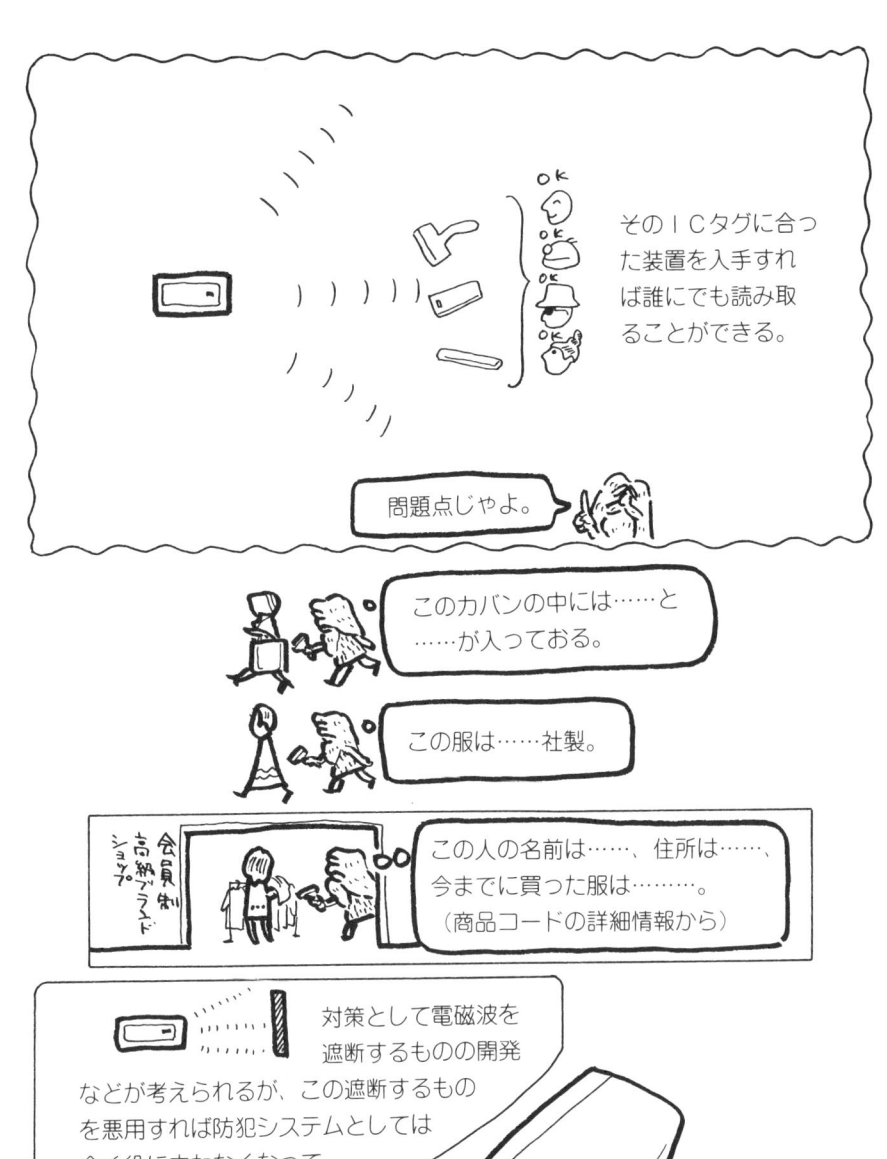

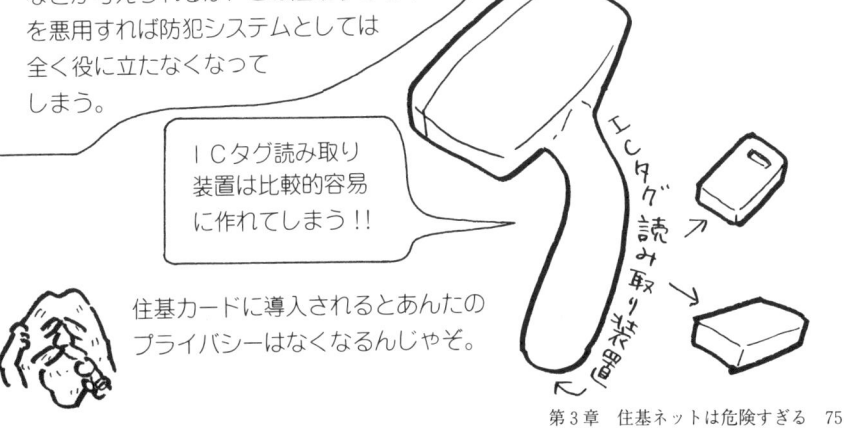

そのICタグに合った装置を入手すれば誰にでも読み取ることができる。

問題点じゃよ。

このカバンの中には……と……が入っておる。

この服は……社製。

この人の名前は……、住所は……、今までに買った服は………。
（商品コードの詳細情報から）

対策として電磁波を遮断するものの開発などが考えられるが、この遮断するものを悪用すれば防犯システムとしては全く役に立たなくなってしまう。

ICタグ読み取り装置は比較的容易に作れてしまう!!

ICタグ読み取り装置

住基カードに導入されるとあんたのプライバシーはなくなるんじゃぞ。

第3章　住基ネットは危険すぎる　75

5 住基ネット情報漏洩時には、自治体財政が破綻する

個人情報漏洩についての集団提訴が各地で起きており個人情報流出に対する個人や企業の姿勢が変わってきている。

カード会員の個人情報56万人分を流出させたコンビニエンスチェーンは、流出発覚後に詫び状と500円分の商品券を送付した。

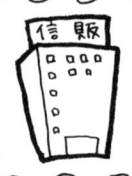

ある信用情報が流出した大手信販会社も約8万人の被害者に、詫び状と1000円分のギフト券を送付した。

これは、民事の集団提訴を受ければ企業の存続にかかわる問題になるからではないじゃろうか。

しかし、自治体の意識はまだ遅れている。

もし、日本の総人口の住基ネット情報が流出したら、合計いくらの訴訟になるだろうか。

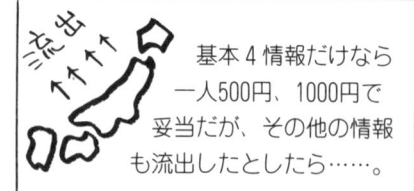

基本4情報だけなら一人500円、1000円で妥当だが、その他の情報も流出したとしたら……。

国はその金額を負担することができるんじゃろうか。システムを作ったとき以上の大金がいるかもしれんな。

個人情報漏洩のうち、
　　［名前・住所・電話番号・年齢］の場合
　　（これはすでに名簿業者などのデータベースに蓄積されている。）

京都府宇治市で起きた事件は…… 
　　宇治市が委託したシステム開発会社でアルバイトする大学院生が、住民基本台帳データを持ち出し、名簿業者に転売。市民数人がシステム会社に対して損害賠償訴訟を起こした。

1人当たり1万5000円が確定している。

住基ネットの情報が漏洩した場合、これぐらいの賠償金になる可能性もあるじゃろう。

しかし、個人情報漏洩のうち
　　人権問題にかかわってくること……病歴や離婚歴など
　　　　↓　これが

刑事事件に発展したら、賠償額は
4項目漏洩の場合の数倍になるだろう。

その全国民分、しかも住基ネット中の基本情報と、他の個人情報も漏洩した場合は、想像もつかない高額になることも考えられる。

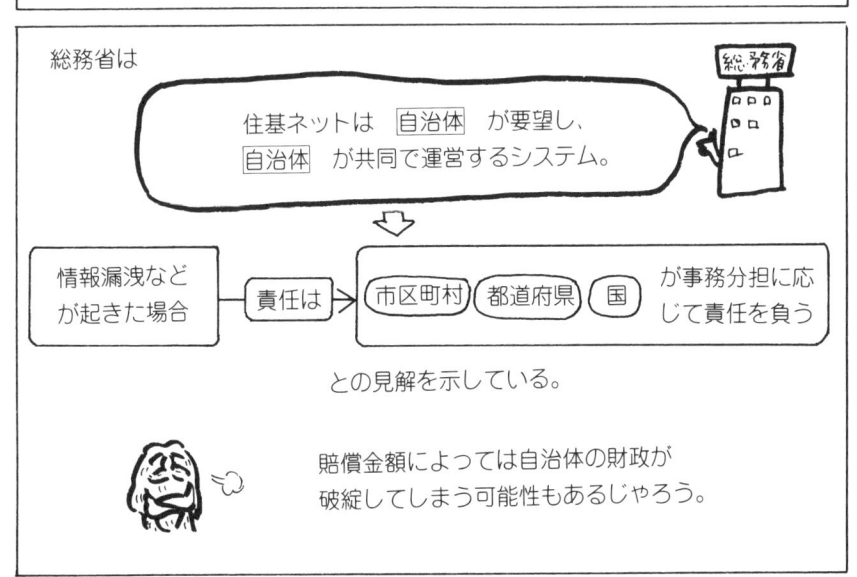

総務省は

住基ネットは 自治体 が要望し、
自治体 が共同で運営するシステム。

情報漏洩などが起きた場合 → 責任は → 市区町村 都道府県 国 が事務分担に応じて責任を負う

との見解を示している。

賠償金額によっては自治体の財政が
破綻してしまう可能性もあるじゃろう。

第3章　住基ネットは危険すぎる　77

6　警察の申請なら基本台帳原簿も閲覧できる

2002年8月　九州のある市で

住民基本台帳の原簿を警察職員に閲覧させていたことが明らかになった。しかも、コンピュータ端末で閲覧させていた。

住民基本台帳法では

- 基本4情報（氏名、住所、生年月日、性別）の写しの閲覧を定めている。
　　（業者の申請などで正当な理由が認められたとき）

- 原簿（世帯主、本籍地、前住所なども記載）の場合
　　たとえ警察であっても、法で定める必要
　　以上の情報を見せることはできない。
　　　　（捜査令状がある場合は別）

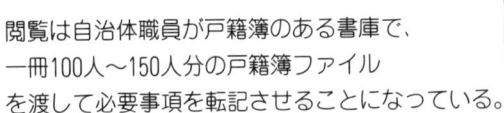

閲覧は自治体職員が戸籍簿のある書庫で、
一冊100人～150人分の戸籍簿ファイル
を渡して必要事項を転記させることになっている。

ある市では住民基本台帳の閲覧に際し、閲覧範囲を特定せず文書審査などで閲覧を受け付けている。

自治体によっては審査なしに口頭申請で閲覧を受理している。

住民基本台帳の閲覧範囲は、自治体間で格差があるんじゃ！

自治体側は、法律の範囲内で許可していると回答しているが、ならばそれぞれの担当者がどこまで法律を把握しているのかが問題になる。

このままでは
　住基ネットや住基カードに蓄積されたデータも閲覧される可能性がある。

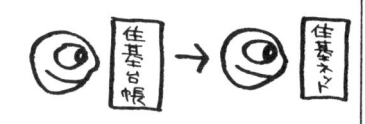

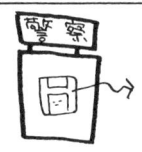

過去にも警察の情報が民間の調査会社などに流れていたことがあった。

警察の個人台帳

　巡回連絡カード………毎年所轄警察署の地域課の職員が持参して
　　　　　　　　　　　家族構成などに変更がないか確認に来る。
　本籍・家族構成・年齢・引っ越し移動年月日　などの項目

　ほかに警察が所有しているリストは
　　前歴者リスト
　　質屋リスト
　　古物商リスト
　　運転免許データ
　　風俗営業データ
　　猟銃・空気銃所持者リスト………  
　　　（特にこの中の猟銃・空気銃所持者リストは、
　　　　学歴、職業、年収、家族構成、……………
　　　　・激怒型の性質の有無、……などの欄が詳細
　　　　に記載されている。猟銃でも立派な凶器に
　　　　なるので猟銃所持許可では先進諸国の中で
　　　　もっともきびしい。）

警察から住基ネット情報が漏れんようになあ……。
一度漏れた情報は取り返すことができんのじゃから。

第3章　住基ネットは危険すぎる

7　防衛庁に住基ネット情報が漏れる

防衛庁が自衛官などの
募集に使うために

満18歳を迎える
適齢者の情報を

全国各地の自治体に
37年間にわたって
住民基本台帳から抽出
して提供するよう
　　要請していた。

多数の自治体が応じていた。

一部の自治体は、家庭環境が推測される情報までも提供していた。
「健康状態」など、明らかにプライバシー性の高い情報の提供を
取り決めたこともあった。

「住基台帳法上、認められない」と断った
自治体もあったが、少数であった。

住基台帳法は、これらの「提供」の一切を認めてない。

防衛庁側にも
「公務員などが業務に関して知り得た個人情報を他人に知らせ
不当な目的に使用してはならない」という規定がある。

これは法律の規定に抵触する
恐れがあるのに、実際には謝
罪のみで処罰されなかった。

すでに住基ネットは稼働している。
防衛庁という国家権力により、
個人情報が自由に扱われている
かもしれない。リストには「元
自衛官」「反戦自衛官」などの記
載があったことも判明している。

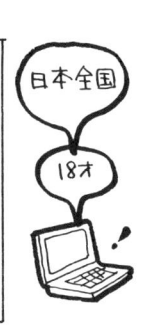

施行された個人情報保護法は民間のみを規制の
対象とするもので、国家機関はその対象外となっている。
もっと真剣に論議しないと国家権力により個人情報
が悪用される恐れがあるじゃろう。

8 自己破産者や犯罪者は、住基ネットによって暴かれる

- 自己破産 や
- 犯罪 は

戸籍には記載されない。

戸籍に記載される事項は

　本籍、氏名、戸籍に入った年月日……
　その他法令で定める事項（戸籍法第13条）

とされており、

　裁判所が破産宣告をしたとしても、戸籍上の身分関係事項
　ではないので、戸籍に記載されることはない。

しかし市区町村役場には記録が残る。

- 自己破産は

　官報に破産宣告があったことが公示される。
　↓
　市区町村役場には
　　破産者名簿が備えられる。
　　発行する身分証明書に
　　　　禁治産者 ※
　　　　破産者　　　 などの事実が記される。

（※ 心神喪失のために財産の管理、処分を裁判所から禁止されている人）

⇩

[資格制限を受ける者の確認資料にするため]

（☆ 会社登記、弁理士・弁護士・取締役などの仕事に就くことができない者）

- 犯罪 は

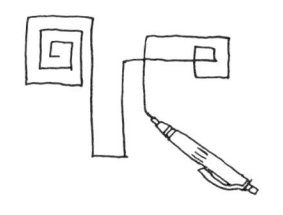

  法務省
  ↓　刑事処罰があったことを通知。
  市区町村役場
  　　　刑期終了後、一定の期間、犯罪者名簿に記載。
  ⇩
  { 公民権（選挙権など）の停止資料として必要となる。 }

自己破産者 や
犯罪者 という記録は → A市 —住基データ→ B市

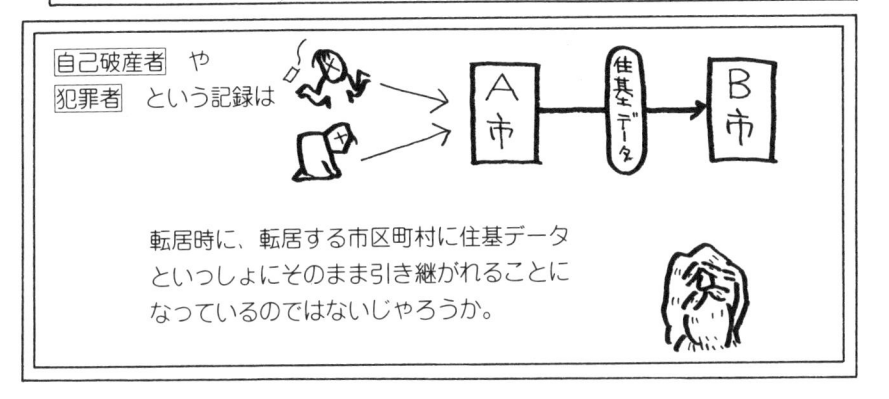

転居時に、転居する市区町村に住基データ
といっしょにそのまま引き継がれることに
なっているのではないじゃろうか。

現行では住基ネットの情報にはこれらの情報は含まれていないが、将来
さまざまなサービスを提供するための情報を保存してよいとされている。

たとえば、住基カード投票などが実現されれば

必要情報として
　自己破産歴、犯罪歴などが
　住基カードに蓄積されて、

選挙以外のときにも、選挙権がないことが判明してしまう。

これらの情報は慎重に扱ってほしいものじゃな。

9　人間Nシステムが誕生する

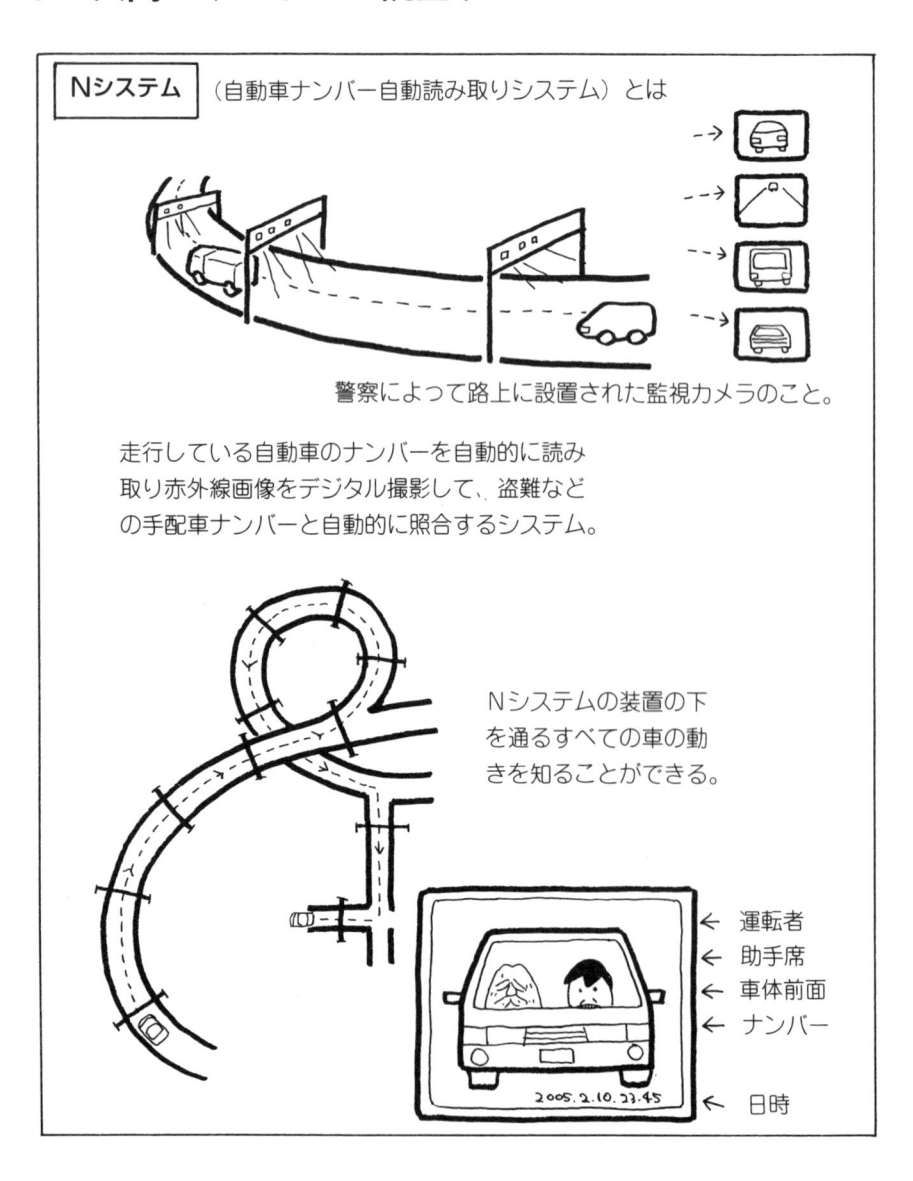

Nシステム（自動車ナンバー自動読み取りシステム）とは

警察によって路上に設置された監視カメラのこと。

走行している自動車のナンバーを自動的に読み取り赤外線画像をデジタル撮影して、盗難などの手配車ナンバーと自動的に照合するシステム。

Nシステムの装置の下を通るすべての車の動きを知ることができる。

← 運転者
← 助手席
← 車体前面
← ナンバー
← 日時

Nシステム ＋ バイオメトリクス ＋ 免許証情報 →

バイオメトリクス（生体認証）とは

セキュリティを重視する施設への入退室や

情報システムへのログインなどのとき

指紋　顔　虹彩　掌形

などの情報をもとに本人を認証するシステムのこと。

テロ事件を機に、海外の空港などで導入された。

顔認識のデータ　ＩＤカード

OK!

空港職員　　　　　　　　　ゲート

このシステムを利用して、テロリストや犯罪者の顔を事前に登録しておくと、相手に気付かれずにチェックできるので警察が犯罪者を見つけるため試験的に使われている。

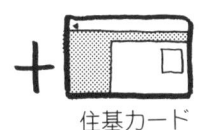

手配の縄文人発見!!

＋ 住基カード ＝ 完全なる 人間Ｎシステム … この誕生によりすべての移動が国家に把握される。

10 国民年金未加入者把握に住基ネットが活用される

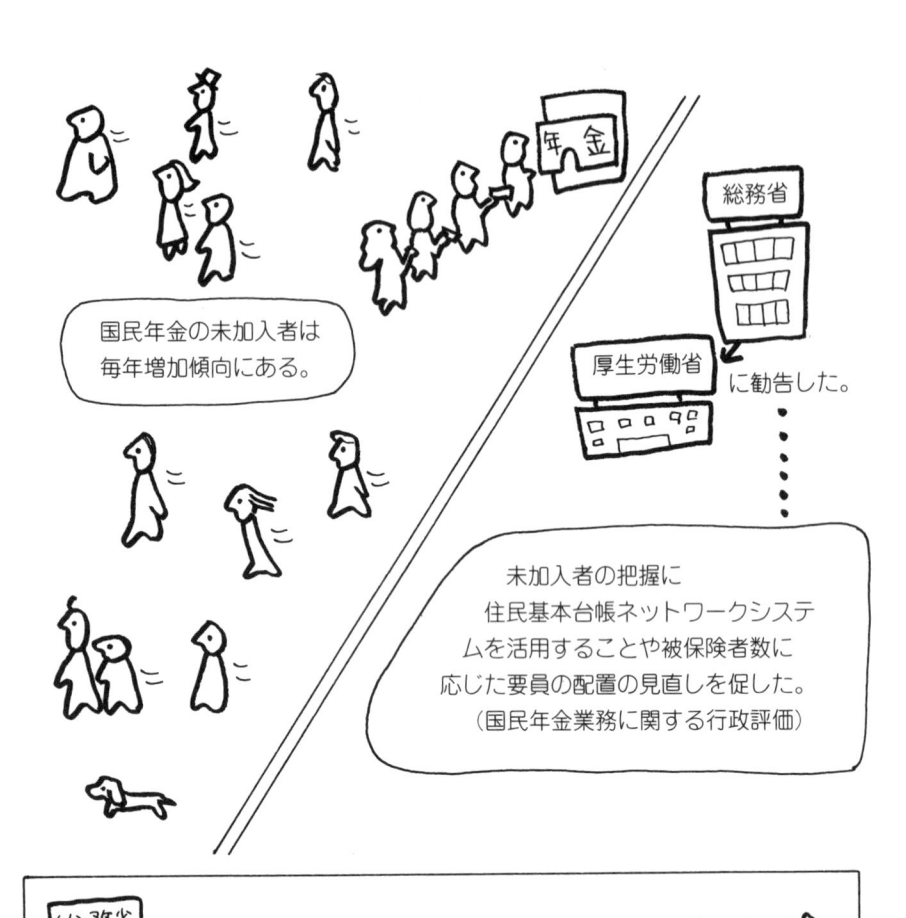

国民年金の未加入者は毎年増加傾向にある。

総務省は厚生労働省に勧告した。

未加入者の把握に住民基本台帳ネットワークシステムを活用することや被保険者数に応じた要員の配置の見直しを促した。（国民年金業務に関する行政評価）

総務省……国民年金未加入者の氏名は現在分かっていないが、住基ネットのデータと社会保険庁のデータをつき合わせれば分かると発表した。

国民年金の被保険者の資格について住基ネットから情報を得ることは住民基本台帳法で認められており、これまでにも新成人の情報提供を行っています。

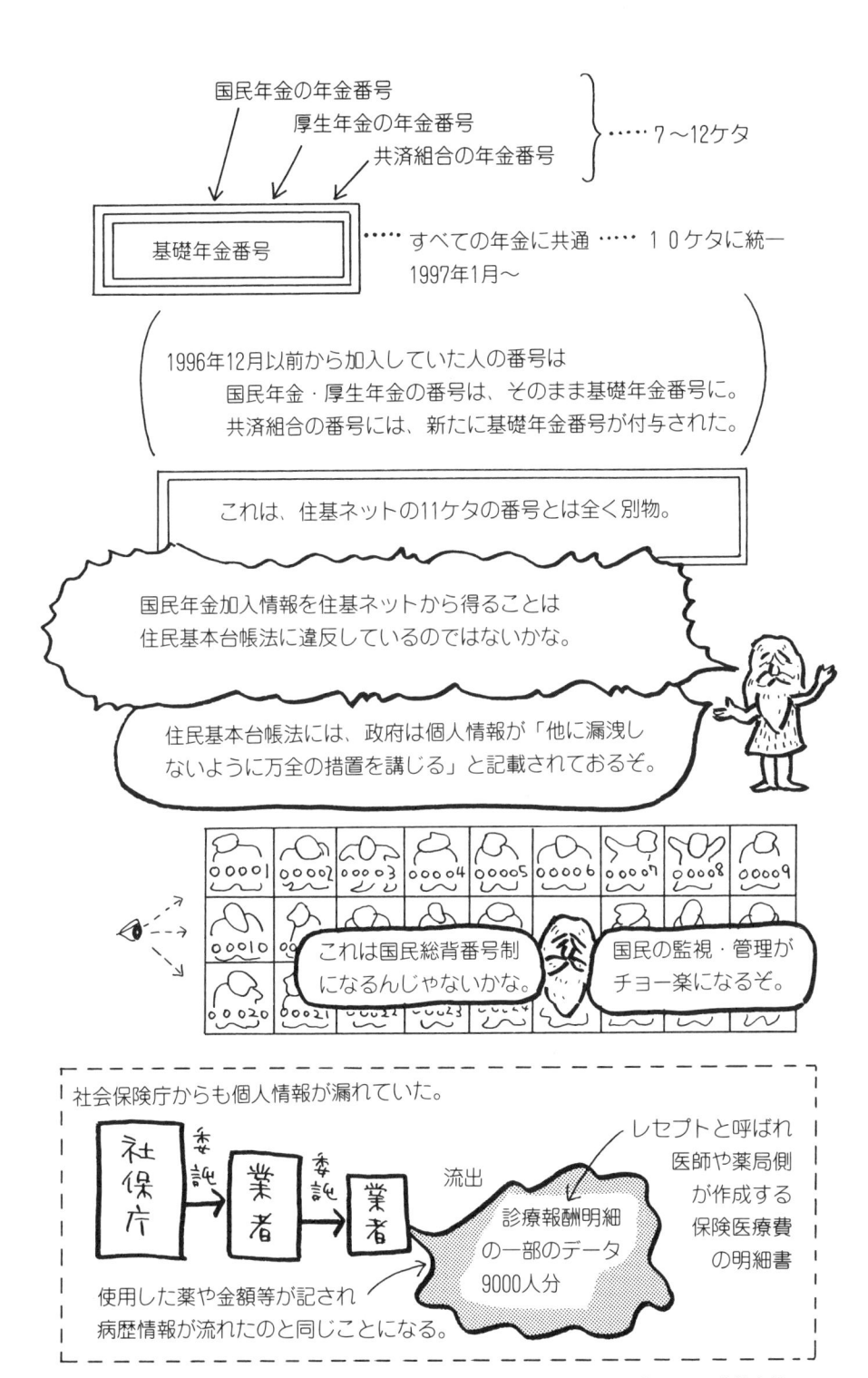

国民年金の年金番号
厚生年金の年金番号
共済組合の年金番号
}……7〜12ケタ

↓↓↓

基礎年金番号 ……すべての年金に共通……１０ケタに統一
1997年1月〜

(1996年12月以前から加入していた人の番号は
国民年金・厚生年金の番号は、そのまま基礎年金番号に。
共済組合の番号には、新たに基礎年金番号が付与された。)

これは、住基ネットの11ケタの番号とは全く別物。

国民年金加入情報を住基ネットから得ることは
住民基本台帳法に違反しているのではないかな。

住民基本台帳法には、政府は個人情報が「他に漏洩しないように万全の措置を講じる」と記載されておるぞ。

これは国民総背番号制になるんじゃないかな。

国民の監視・管理がチョー楽になるぞ。

社会保険庁からも個人情報が漏れていた。

社保庁 →委託→ 業者 →委託→ 業者 →流出→ 診療報酬明細の一部のデータ 9000人分

レセプトと呼ばれ医師や薬局側が作成する保険医療費の明細書

使用した薬や金額等が記され病歴情報が流れたのと同じことになる。

11 住基カードが違法に交付される仕組み

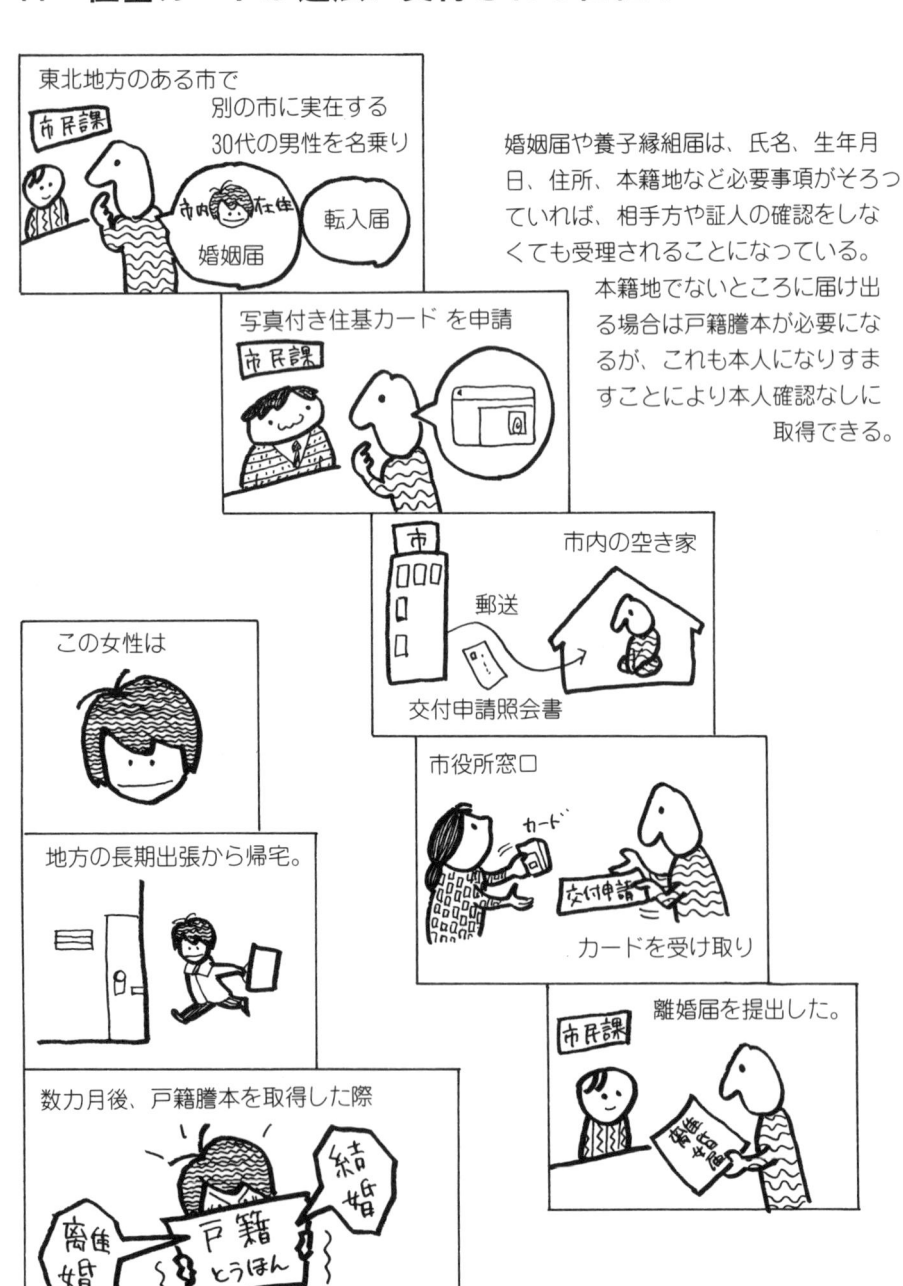

東北地方のある市で別の市に実在する30代の男性を名乗り、市内在住、婚姻届、転入届

写真付き住基カードを申請

市内の空き家へ郵送、交付申請照会書

市役所窓口でカードを受け取り

離婚届を提出した。

この女性は地方の長期出張から帰宅。

数カ月後、戸籍謄本を取得した際、結婚、離婚という改ざんを発見。

婚姻届や養子縁組届は、氏名、生年月日、住所、本籍地など必要事項がそろっていれば、相手方や証人の確認をしなくても受理されることになっている。本籍地でないところに届け出る場合は戸籍謄本が必要になるが、これも本人になりすますことにより本人確認なしに取得できる。

男性4人の容疑者が逮捕された。

消費者金融からの借り入れのために次々と名前を変えて別人になりすましていた。このような手口は市区町村の戸籍業務や住民基本台帳業務の手続き上の抜け道を巧みに利用したものだ。

手続きの不備はなかった。

担当者や市側はこのように言っている。

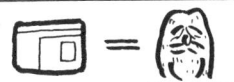

公的な身分証明書として使用できる住基カードの偽造はさまざまな犯罪につながる危険性がある。

役所もマニュアルに従った対応だけでなく、事前に犯罪を防ぐような教育を徹底することも必要じゃ。戸籍や住民基本台帳業務の手続きに犯罪者が付け入る不備があるままでは、住基ネットの未来はないじゃろう。

平成16年度の住基カードの不正取得事件発生じゃよ。
・住基カードの不正取得（なりすまし）
　　第三者が本人になりすまして不正に住基カードを取得した。
　　　　（平成16年2月佐賀県鳥栖市、3月福島県相馬市等）
・住基カードの券面記載事項の偽造・改ざん
　　住基カードの券面記載事項を偽造・改ざんし、携帯電話の契約を行った。
　　　　（平成16年9月佐賀県伊万里市、10月東京都新宿区）

第3章　住基ネットは危険すぎる

12　ウシは10ケタ・ヒトは11ケタで、
　　　管理して選別抹殺される

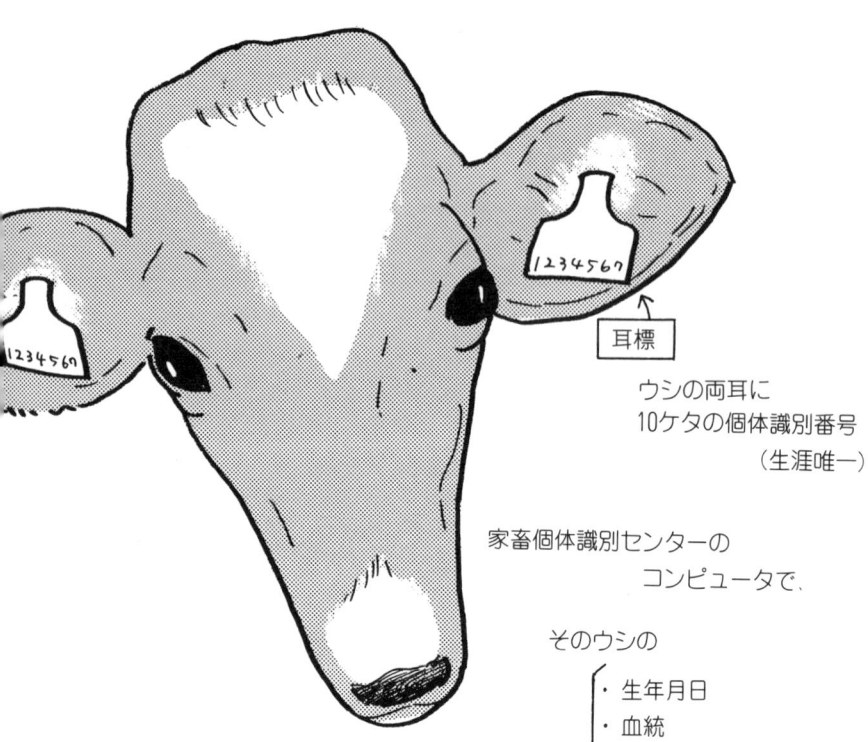

耳標

ウシの両耳に
10ケタの個体識別番号
（生涯唯一）

家畜個体識別センターの
　　　　コンピュータで、

そのウシの
・生年月日
・血統
・生産者
・どんな餌を食べさせたか
・疫病にかかったことがあるか
がすぐにチェックできる。

政府はBSE（狂牛病）の検査のために国内のすべてのウシに10ケタの番号をつけることをすでに決定している。

ウシ特有の伝染病の発生時には、このシステムにより過去の所在地等を追跡できる。

牛肉を買うとき
安心。

農場でウシの個体確認が確実になる。

ウシの情報が丸裸、
過去の病歴など明らか。

BSE以外にも病歴のあるウシの子孫
が抹殺されるということもありうる。

氏名、住所、生年月日、性別、の情報が
中央のホストコンピュータに集まる。

誰がいつ、どこに転居したかが
どの役所でもボタン操作一つで分かる。

病歴、離婚歴、収入、預金、借入金歴、犯罪歴
納税……などあらゆる情報も

ハンセン病　　　　過去に実際にあった話じゃ。

ハンセン病は、癩(らい)菌の感染によって起こる慢性伝染
病で、伝染力は弱く、潜伏期は3年から20年にも及ぶため
かつては遺伝性と誤解されたこともあった。主に末梢神経と
皮膚が冒され、知覚麻痺・神経痛などの症状のほか、顔や
手指が変形することもある。その患者が、施設内
で結婚する場合は、断種や妊娠中絶が条件とされ
た。現在では、解明が進んで、ハンセン病は病気
の跡が残っていようがいまいが、完治すれば感染
することはないとされている。

末しょう神経

にもかかわらず、2003年11月、国立ハンセン病療養所の入所
者の宿泊を「他の客に迷惑」として旅館が拒否し問題になった。

住基ネットから過去の病歴が判明して、国から断種や
妊娠中絶を強いられる人が出てこないとも限らんぞ。

第3章　住基ネットは危険すぎる

コラム3

盗聴法もこわくない・盗聴チェックリスト

電話・ファクス・電子メールが、知らないうちに警察に盗聴される盗聴法（通信傍受法　p31）が可決された。そこで「盗聴されている」「盗聴されているかもしれない」と悩む人や、発見業者に依頼しようとしている人は、その前に次の項目について○×でチェックして分析してみておくれ。

行動編
1. [ ] 衛星利用測位システム（GPS）付きの携帯電話を使用している。
2. [ ] コードレス電話を使用している。
3. [ ] 電話での話し声が急に聞こえにくくなった。
4. [ ] 無言電話が多い。
5. [ ] 労働組合役員である。
6. [ ] 政治家である。
7. [ ] 離婚問題等で裁判中である。
8. [ ] 最近盗聴されているかと業者が尋ねてきたことがある。
9. [ ] 覚醒剤の売人に友達がいる。
10. [ ] 最近空き巣に入られたが物はとられなかった。

精神編
1. [ ] 電話の受話器から通話中でもないのに女性のうめき声が聞こえる。
2. [ ] 電波が誰かからあてられていた。
3. [ ] 目にみえない盗聴器が13日の金曜日のみ見える。
4. [ ] お菓子を食べると隣から「今お菓子を食べた」と声が聞こえた。
5. [ ] 近所の人全員が自分の悪口を言っている。
6. [ ] 時計の秒針の音が気になって寝られない。
7. [ ] 家にひとりでいても誰かの声が聞こえる。
8. [ ] いつも尾行されている。
9. [ ] 誰かに壁を通してのぞかれている。
10. [ ] 外出時に電気の消し忘れなどを帰って再確認するときがある。

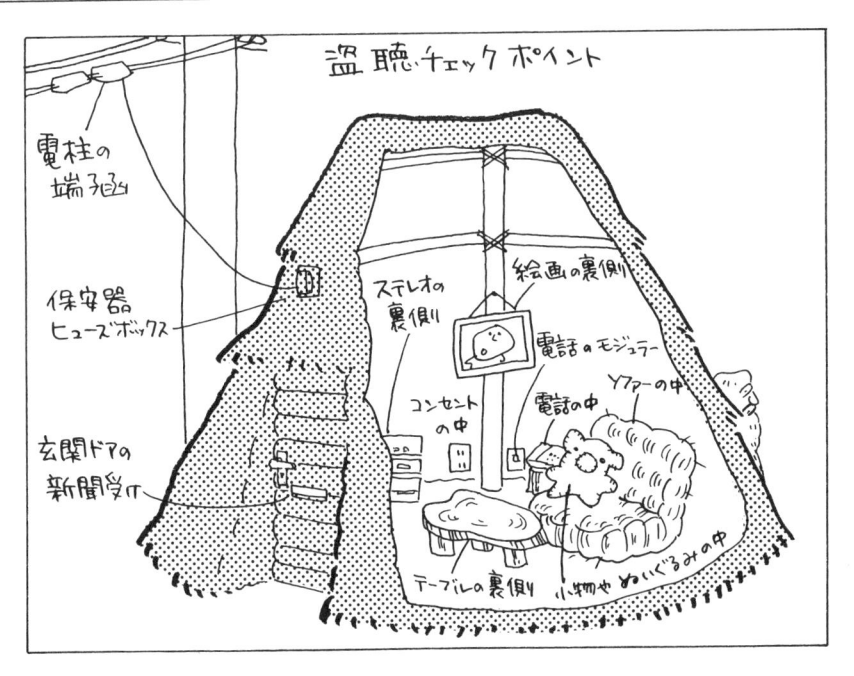

盗聴チェックポイント

- 電柱の端子函
- 保安器・ヒューズボックス
- 玄関ドアの新聞受け
- ステレオの裏側
- 絵画の裏側
- 電話のモジュラー
- コンセントの中
- 電話の中
- ソファーの中
- テーブルの裏側
- 小物やぬいぐるみの中

行動編で○が　0〜2個　もしかしたら盗聴されている可能性がある。
　　　　　　3〜4個　盗聴されている確率が高い。
　　　　　　5〜7個　たぶん盗聴されている。
　　　　　　8個以上　盗聴されている。

精神編で○が　0〜2個　大丈夫だろう。
　　　　　　3〜4個　少し神経質。
　　　　　　5〜7個　盗聴されていると誤解している。
　　　　　　8個以上　盗聴されているかどうかより、病院の精神科で
　　　　　　　　　　カウンセリングを受けるほうがよい。

総合結果
　精神編で○が多く、行動編で○が少ない人は勘違いが多い。
　行動編で○が多く、精神編で○が少ない人は盗聴されている確率が高い。
　行動編、精神編ともに○が少ない人は全く盗聴とは無関係。

第3章　住基ネットは危険すぎる

きっぷ

第4章
想定できる被害や漏洩について

1 住基カードが偽造され悪用されてしまう

住基カードを偽造

自分の住基カードの、氏名・住所・生年月日を架空のものに書き換えた。

架空のものに

そして携帯電話を購入した、
長崎県在住の男性容疑者（24）
（詐欺・有印公文書偽造容疑で逮捕）。

携帯電話を購入しようとした、
横浜市の会社員（56）
（偽造有印公文書行使・詐欺未遂容疑などで逮捕）。

政府は「写真付き住基カードは、免許証などと同じように公的証明書としても活用できる」と説明している。

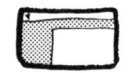

Aタイプ（写真なし）、　　Bタイプ（写真付き）

特にBタイプは運転免許証などと同様に公的な証明書として利用できることになっている。

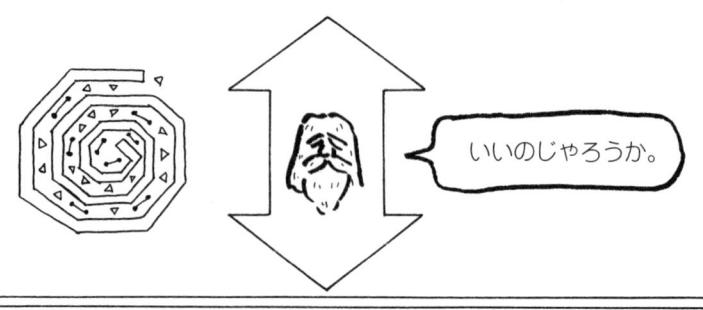

いいのじゃろうか。

住基カードは簡単に偽造できる。

銀行口座開設は

口座開設などの際の本人確認がきびしくなり、

運転免許証
各種健康保険証
} 等第三者が入手できない公的証明書

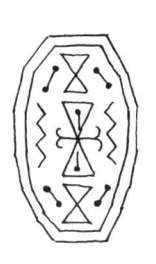

の提示を求めることになった。
(「金融機関等による顧客等の本人確認等に関する法律施行規則」)

- ある大手消費者金融
　　「免許証、保険証、旅券しか受け付けない」
- ある大手消費者金融
　　「写真付き住基カードなら大丈夫」
- 複数の消費者金融
- 一部の地方銀行………住基カードも可能
- 郵便局………新規に通帳を作成する場合の身分証明書には
　　住基カードが可能
　　（氏名、生年月日及び住所の記載があるもの）

「公的証明書の規約」を抜粋すると
　「官公庁から発行され、又は発給された書類その他これに類するもので、氏名、住所及び生年月日の記載があり、写真をはり付けたもの」
（金融機関等による顧客等の本人確認及び預金口座等の不正な利用の防止に関する法律施行規則の第四条（本人確認書類））

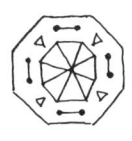

しかし、住基カードの表面の偽造は簡単にできるので

内蔵されているICチップの中の情報まで確認しなければならない。
（役所や金融機関での確認は表面記載のみ）

しかしICチップの内容情報が民間に確認されると、個人情報漏洩の恐れが増す。

2　住民票コード情報を、すでに名簿ブローカーが入手している

私フジタが以前の著作『個人情報防衛マニュアル』時に取材に応じていただいた名簿業者に今後の営業状況を尋ねた。

2005年の4月から個人情報保護法が施行されて商売がやりにくくなりました。最近は、住民票コードの売り込みも何度もありました。実際に番号も確認しましたが本物と確認できず、値段がつけられません。また、住基ネットの番号等は民間利用が禁止されており、違反者には重い処罰があるので、買うことはできません。入手経路も説明されませんでした。

名簿業者

これが本当なら、すでに住基ネットの番号が漏洩していることになる。

過去にも名簿ブローカーは金になる情報（前歴情報・医療情報など）は違法であるにもかかわらず裏で取り引きしてきた。

大阪で実際にあった住民票コード流出事件の、
流出の可能性が考えられる経路

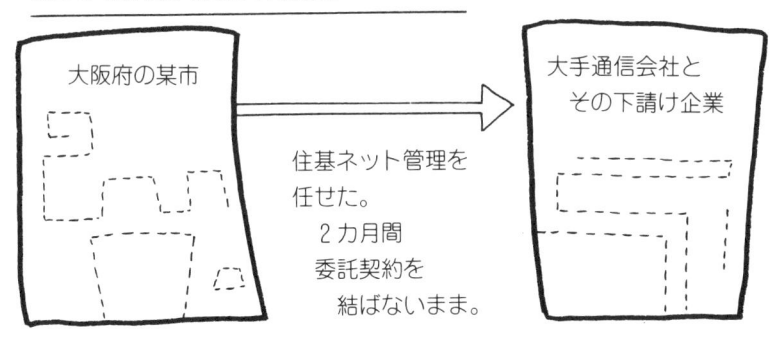

| 大阪府の某市 | → | 大手通信会社とその下請け企業 |

住基ネット管理を任せた。
2カ月間委託契約を結ばないまま。

情報漏洩防止のために
　企業の誓約書と出入りする技術者の顔写真
　入りの誓約書をとることになっていたが

誓約書も提出させずに　⟿　運用管理を行わせていた。

この業者のエンジニアなら簡単に住民票コードを入手できたでしょう。

同様のことが全国の他の自治体でも行われている可能性が高い。

住基ネットへの侵入方法

をめぐる技術的論議もインターネットの掲示板でやりとりされている。

いつどこから漏洩してもおかしくない状態になっておる。

「住基ネットの情報を利用した詐欺」などの見出しが新聞に載るのも近いかもしれん！

第4章　想定できる被害や漏洩について　99

3 住基データが悪質な職員によって閲覧される

三重県某市役所で、コンピュータから住民情報を呼び出すために特定の職員が使うIDカードが共用されたり、無断で使われるなど、管理がずさんだったことが記事になった。

市民の離婚歴や資産情報を一部職員が興味本位で見たという証言もあった。

住民情報を担当した複数の職員、元職員の証言では、休憩時間などに職員の家族情報を呼び出してうわさ話にしたことがあるという。

あのみは独身

あの人は×××

住基ネットの稼働前に、このような公務員のモラル次第で個人情報が漏洩する危険が明らかになったんじゃ。

モラル

同市は市職員約3000人のうち担当者約500人がカードを持っていたが、情報漏洩防止のため、市はカードの貸与や譲渡を原則的に禁止していた。

しかし証言によると、多くの職場では、職員のカードは放置され、パソコンの近くにまとめて置かれていた場合もあった。

最初に誰かが1枚のカードで画面を起こすと一日中そのままの状態が続き、自分のカードを使わなくても情報が引き出せたという。

××市 住民基本台帳

他の職員のカードを利用し目的外に情報を引き出すことはいくらでもあった。危機管理の意識はなかった。

ある幹部

ずさん

事件が新聞に掲載されると「職員以外の人物の情報を引き出した者もいた。上司は特に注意することもなかった」との証言も出てきた。

職員らは「市民を欺く許せない行為だと思ったが、注意すると仕事がやりにくくなるので、見過ごした」と言っている。

「家を建てると情報が漏れる」と悩んだ職員もいたという。

情報管理に対する個人の公務員モラルの低さが暴露された。住基ネット運用も、これらの公務員に任されている。

ある人が同市へ、自分の個人情報への接続記録を請求した結果不自然な照会の形跡が浮かんだ。

市は不明朗な接続記録を認めながら、接続した職員を特定できず、氏名不詳のまま地方公務員法の守秘義務違反などの疑いで刑事告訴する方針に至っている。

確かに報道のようなことはありましたが少し大げさに書かれていたので、こちら側でも対応に追われました。

今後はIDカードを職員全員に配布して追跡調査ができるようにシステム設定することも決定しました。もうこのようなことは絶対に起きることはありません。

本当に起こらないのじゃろうか

第4章 想定できる被害や漏洩について

4 住基ネットがハッキングされる

　　住基ネットへのハッキングは無理

　　　　　総務省が米国の会社の侵入テストを実施した結果
　　　　　　　　上のように発表した。

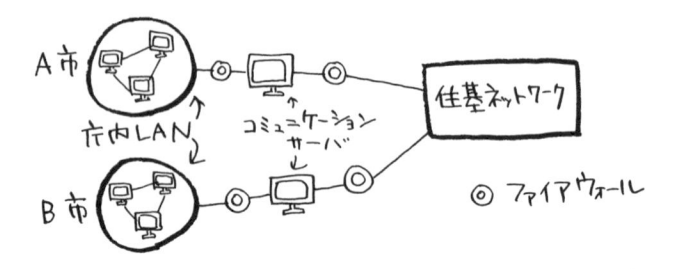

```
    A市　 ○─□─○
    庁内LAN　 コミュニケーション　　住基ネットワーク
    　　　　　　サーバ
    B市　 ○─□─○
    　　　　　　　　　◎ ファイアウォール
```

　　　　　ファイアウォールやコミュニケーション・サーバへの
　　　　　侵入テストを実施したところ「あらゆる手段を試みた
　　　　　が成功せず、脆弱性も見出せなかった」（総務省）。

　テストは世界でもトップレベルの技術を持つアメリカの会社に委託したとしているので、それが本当ならハッキング対策はなされていると推測できる。

　　　　　｛　テスト内容は、ポートスキャン
　　　　　　　　　数種類のハッキングツール
　　　　　　を使って侵入を試みた模様。　｝

　しかし

　ハッキングツール　は日々、新種が製造されている。

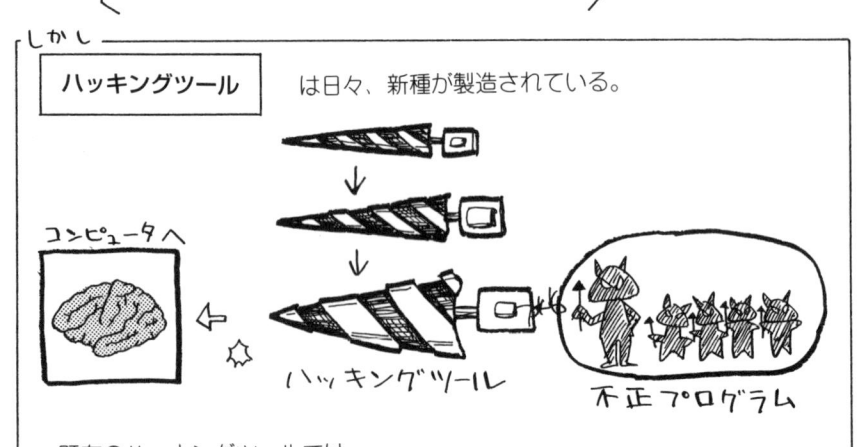

　コンピュータへ　　　　　ハッキングツール　　不正プログラム

　既存のハッキングツールでは
　ネットワーク最大の脅威となる不正プログラムを検出できない場合もある。

不正プログラムは、既存のセキュリティ対策をすり抜けて分からないように潜んでいるのが特徴ですでにネットワークに侵入している可能性もある。

ファイアウォールが麻痺状態になって外部からの侵入を自由にしてしまうこともある。

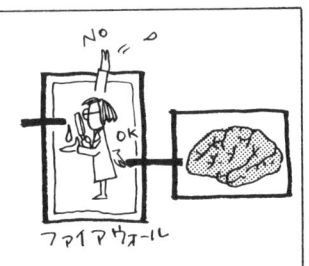

この不正プログラムにより一度発病すると

※ 管理者側が決めたルールに従って、送られてきた信号をチェックしてサーバ内部の出入りを制限する安全装置。

今回の住基ネットへのハッキング実験で「絶対安全」と結果を出すことは現時点ではむずかしいのではないじゃろうか。ハッキング実験の具体的なデータや方法を公表せんことには、納得できんのではないかなあ。

長野県では
「実際に侵入することができた。ネットワークのセキュリティレベルは平均以下」と公表した。

アメリカでは、ハッカーが集まり、セキュリティ上の問題を指摘するハッキング大会が盛んに行われている。このように公開審査や大会を実施して実験することが望ましいのではないだろうか。

人間が作ったシステムである以上「絶対安全」はあり得ないのじゃ。

第4章 想定できる被害や漏洩について

5 住基ネット侵入実験の発表が中止された現実

情報セキュリティイベント
＝
長野県が行った住基ネット侵入実験の発表

住基ネットの脆弱性について の部分が
急遽、総務省の要請で中止を余儀なくされた。

この実験の担当者が国を相手取り損害賠償を求める訴訟を起こした。
担当者は米セキュリティサービス会社の最高技術責任者で長野県から依頼を受けて住基ネット侵入実験をした。 

> 日本の研究者は、セキュリティに関してもっとオープンに議論すべきだ。

> 総務省はイベントの1カ月前から発表内容を知っていたが発表直前になって大幅な変更を要求した上
直接会って話し合いをしようとせず
合理的な理由もなく内容の修正を迫った。

> 内容の一部について、掲載されているネットワーク図は住基ネットではない。スライド中に無線アンテナが登場するが住基ネットでは無線LANを使っていない。住基カード発行用コンピュータの操作画面が写った写真があるがこれは公表していないので出さないでほしい。

問題になった
　住基ネットの脆弱性について は 
　・住基ネット担当職員のセキュリティ意識の低さ
　・システムの設置方法の問題点
　　　　　　　　　　　　　　　　　　などに触れていた。

|情報セキュリティイベント| で
　　長野県が主体となって行った調査では
　　　サーバの管理者権限を取得して、庁内ＬＡＮからの
　　　ファイアウォールの通過方法を発見したという発表があった。

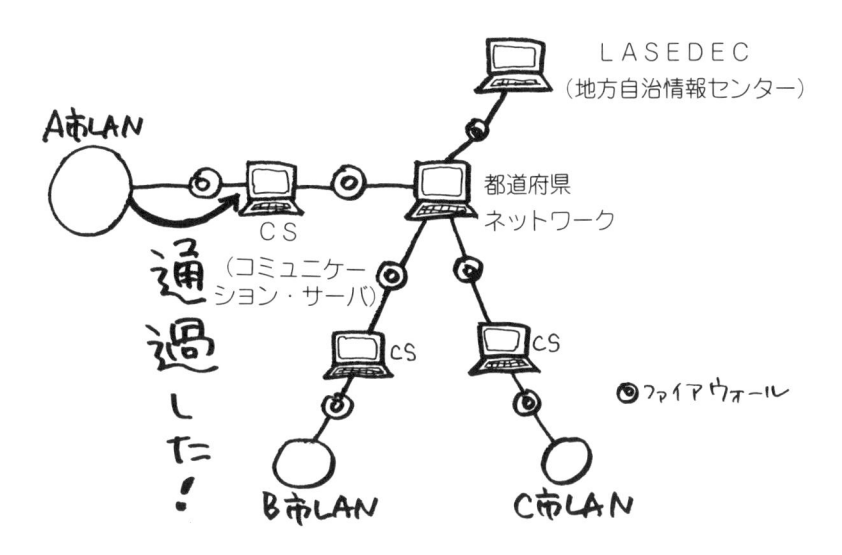

```
                              LASEDEC
                           （地方自治情報センター）

 A市LAN                        都道府県
                              ネットワーク
        CS
    （コミュニケー
     ション・サーバ）
    通過した！              CS      CS       ●ファイアウォール

                          B市LAN    C市LAN
```

　　侵入テストはいずれも自治体上から行われたものだけ。
　　（インターネット経由での侵入は不成功だったことがうかがえる）。

　　インターネット側からの侵入は
　　　波田町（長野県）でのテストケースでは、不可能と報告された。
　　　波田町は担当者および業者に恵まれたこともあって適切な対策が
　　　取られており、侵入はできなかった。
　　　「自治体によって人材や知識、予算などの点で大きな格差があり
　　　波田町と同レベルの対処をすべての自治体に求めるのは、物理的
　　　には無理」と長野県は述べている。

　　　これに対し総務省自治行政局市町村課は

　　（総務省自治行政局市町村課）：庁内ＬＡＮの小さな脆弱性を住基ネット本体の安全性の問題であるかのようにねじ曲げ、誇大に取り上げた結果を公表しており、誠に遺憾である。

第４章　想定できる被害や漏洩について

最終的には、総務省サイドの「問題なし」との反論を受けて、長野県は合同実験を提案している。

総務省は住基ネットを巡る議論の中でたびたび

ファイアウォールによって防御している ことを

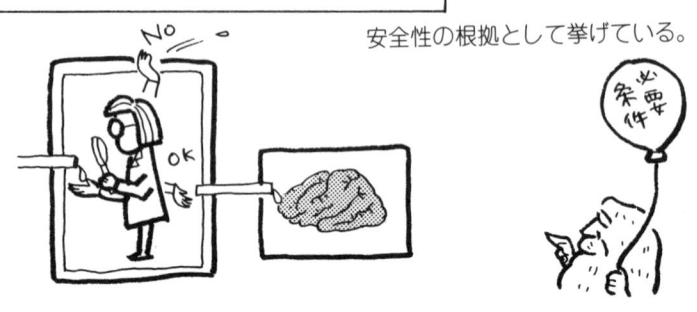

安全性の根拠として挙げている。

ファイアウォールは確かに、不必要な通信をブロックする役割を果たしており、情報セキュリティ上重要な要素の一つじゃ。だが必要条件ではあるが、これがあれば絶対安全だという十分条件ではない。

過去にも防衛庁のシステムなどで、ファイアウォールを通過した不正アクセスがあった。

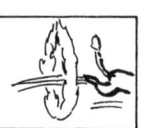

技術的なセキュリティの重視だけではなく

職員の操作ミス なりすまし詐欺 によっての情報漏洩 などの対策が講じられておらん。

高度なセキュリティシステムが整っておっても、人的要因はまた別の問題じゃ。末端の自治体職員までもきちんと教育されるのかどうか、不安じゃ。

6 ウイルス感染から情報が漏れる

自治体システムがウイルスに拡大感染していた

ブラスター に感染
全国70の自治体で1357台のパソコン。

ウェルチア に感染
4自治体で239台のパソコン
5都道府県の、16市区町村では、
庁内LANに接続した端末パソコン。
（総務省地域情報政策室のまとめによる）

これらのウイルスは危険度の高いものとしてウイルス感染が公表される数カ月前に発表されていたので、瞬時に修正ソフトを適用していれば感染は防ぐことができたと思われる。

ブラスター が世界的規模で広がったとき
東京都某区が住基ネットの運用を停止していたことが判明した。
幸いなことに住基ネットのコンピュータへの感染は
確認されなかったが、あぶないところだった。

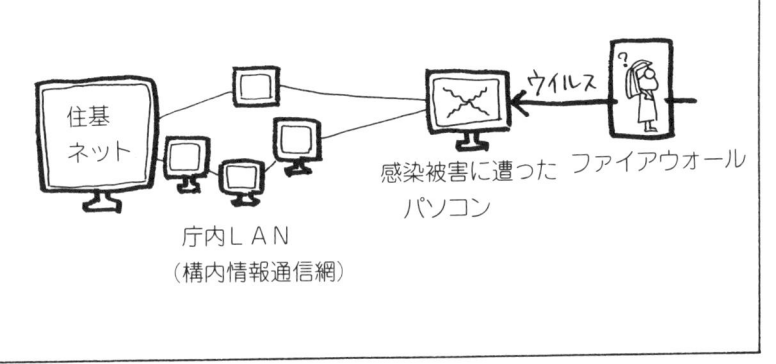

住基ネット　庁内LAN（構内情報通信網）　感染被害に遭ったパソコン　ファイアウォール　ウイルス

第4章　想定できる被害や漏洩について

住基ネットのサーバは
　今回ブラスターの攻撃対象となったマイクロソフト社と
　同じ基本ソフトを使っていたことも公表された。

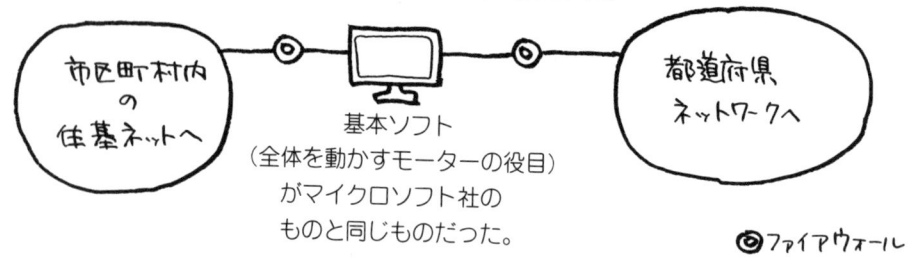

市区町村内の住基ネットへ ─── 基本ソフト（全体を動かすモーターの役目）がマイクロソフト社のものと同じものだった。 ─── 都道府県ネットワークへ

◎ファイアウォール

システムはウイルス感染により予想もできない障害が発生することが多い。

ファイアウォールも100％安全ではない。
ファイアウォールはその特性として、
許可されたものは通してしまう。

官公庁ホームページ書き換え事件 では
　書き換えられたサイトのいくつかにはファイアウォールが
　導入されていたにもかかわらず、書き換えられてしまった。

DOS攻撃 というものもある。
　大量のトラフィックを人為的に発生させて
　相手サーバを無反応にさせてしまう。

　攻撃者は不正なプログラムをウイルスなどに
　忍ばせてこれらの攻撃を行う。

総務省は
　「住基ネットのコンピュータが感染することはない」
　　　　　　　　　　　　　　　　　と言っている。

世界技術の中でもトップ水準である住基ネットから、
ウイルス感染が原因の、情報漏洩が発生しませんように。

7　住基ネットシステムは絶対安全ではない

住基カード・現時点での４大用途

- パスポート発給などの際の本人確認のため
- 公的個人認証の確認用
- 市区町村の条例で利用目的を定めた使い方

　　上の三つは、住基カードに内蔵されたＩＣチップに別々に組み込まれて、鍵で送信データを暗号化して情報漏洩を防ぐ仕組みになっている。

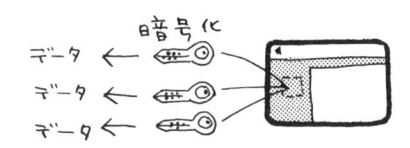

- そしてカード表面に顔写真を印刷すれば 身分証明書 として使える。

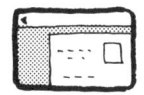

住基カード利用の仕組み
　　（パスポートや住民票を申請するときに）

1. カードをリーダーライター端末に差し込む。
2. 自分のパスワードを打ち込む。
3. 窓口の職員の端末に4情報が表示される。

総務省は 「それらの情報は暗号で管理されているので解読することは不可能である」………と説明している。

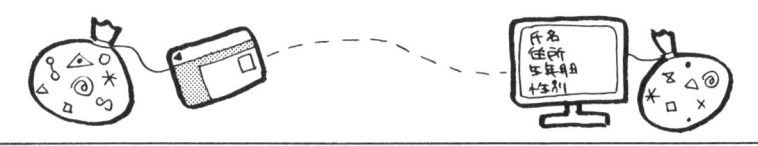

システムの安全性として
[指紋認証方式を義務づける] ことにした。
総務省所管の行政サービスを行う職員に
（官公庁として初めてのこと）

無線従事者の免許の申請や再交付を
　　　住基カードを使って電子申請する場合
　　　　　　　担当職員は指紋認証を経なければ住基ネット
　　　　　検索用端末を操作できなくなるとしている。

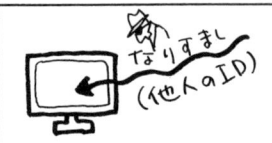

指紋認証の導入により、不正アクセスの温床である「なりすまし」防止になったと発表された。

しかし、指紋認証方式は
　　某大学の人工指研究室（セキュリティ技術を研究）で、

動物の皮膚などから作るゼラチンに着目して、市販のゼラチン菓子を溶かしてかたどった人工指で、すでにメーカーが製品化している指紋照合装置を8割以上の確率でだますことに成功した。

コップやガラスなどに付着している指紋からも人工指を作ることが可能だったと報告されている。

暗号はいつか解読されるものじゃ。
　　過去にも暗号学者によって、いくつもの
　　暗号が解読されてきた。

優れたスーパーコンピュータで200年かかってしまう暗号の解読計算があったとしても、コンピュータは日々進化しており、複数の計算を一度にできる超スーパーコンピュータが実用化される時代がくるじゃろう。

解読不能とされていた暗号技術もやがて簡単に破られるじゃろう。

暗号の鍵

もとの言葉 ── おはよう

🔑 = [2文字ずらす][2文字ずらす][2文字ずらす][2文字ずらす]

文章を分からないものに変えるための規則

🔑 = [?][?][?][?]

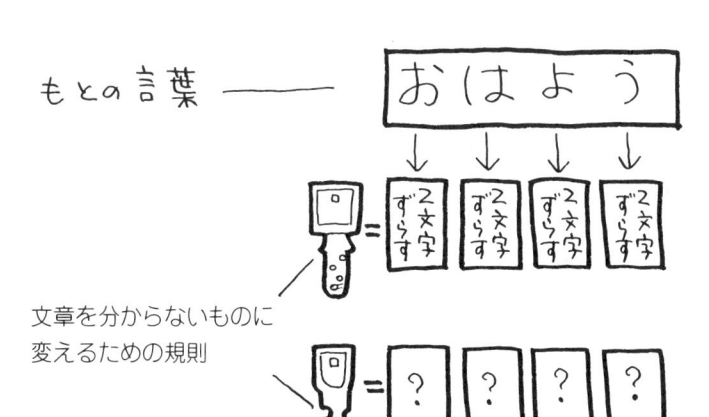

暗号化するときと復号化するときと同じ鍵が必要

共通鍵暗号方式

‖

暗号化する人と復号化する人が同じ鍵を持っていてそれを人に知られないことが大切なので

秘密鍵暗号方式

ともいう。

暗号化するときと復号化するときの鍵が違う、という画期的な暗号方式が考え出された。これは一方の鍵を公開してももう一方の鍵が計算できないので

公開鍵暗号方式

という。

第4章 想定できる被害や漏洩について

8 住基ネットのパスワードが推測される

総務省は、住基ネット利用に関して
　　個人情報保護に関する国民の関心が非常に高いため
　　従来のパスワード方式ではセキュリティ対策が不十分であるとし
|より厳格な情報管理体制を目指す| ことを公表した。

住基カードは　　実印と同じこと……本人認証のシステムで
　　　　　　　　住基カードを入れて、
　　　　　　　　4ケタのパスワードを
　　　　　　　　打ちこむと、
　　　　　　　　本人に間違いないとされる。

　　納税者番号
　　図書館カード
　　病院の診察カード　　など、

複合的に利用できるように検討されているので
それだけ多くの危険が発生する。

| 4ケタのパスワード |　　住基カードの交付を受けるときに登録する。

1　交付
2　4ケタのパスワードを入力してください
3　入力

銀行のキャッシュカードやクレジットカードが奪われて
限度額いっぱいの金額を引き出される事件が
跡を絶たないのはなぜか？

これは、推測されやすい生年月日を4ケタの
パスワードにする人が多いからじゃ。

推測されないパスワードを自分で
作るのはとてもむずかしいことじゃ。

不正アクセスの基本は
　　パスワード解析ツールを使って
　　解読することからはじまる。

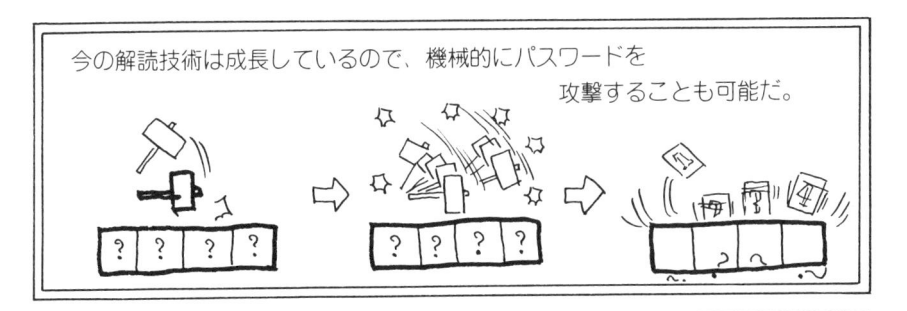

今の解読技術は成長しているので、機械的にパスワードを
　　　　　　　　　　　　　　　攻撃することも可能だ。

地方自治情報センター（住基ネットの全国的な管理・運用をする）
　で不注意な管理が行われていた。

ホームページ（住基ネット関連の自治体職員らとの連絡用）が
外部の者にも容易に閲覧できる状態になっていた。

理由：パスワード管理が甘かった。

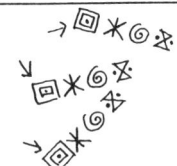

全自治体の職員に同一のパスワードが
発行されていた。

⇩

閲覧するのに必要なIDとパスワードは、いずれも
組織名などから容易に推測できる字句だった。
パスワードの更新は個人で行うように指導していた。

⇩

「更新はむずかしい」とほとんどの職員は更新していなかった。

更新ができないような職員が住基ネットに携わること自体が危険なこと。

パスワードを設定するなら最低でも8ケタ以上にすることが重要。

第4章　想定できる被害や漏洩について　113

9　国民総背番号制で個人情報が、
　　　　　　　　　　集約され監視される

生まれたばかりの赤ちゃんから100歳を越えた老人も含めて国民一人ひとりに、住民基本台帳に基づいた番号が初めてつけられる。

1	2	3	4	5	6	7	8	9	10	11	12	13	14	15	16	17	18	19
20	21	22	23	24	25	26	27	28	29	30	31	32	33	34	35	36	37	38
39	40	41	42	43	44	45	46	47	48	49	50	51	52	53	54	55	56	57
58	59	60	61	62	63	64	65	66	67	68	69	70	71	72	73	74	75	76
77	78	79	80	81	82	83	84	85	86	87	88	89	90	91	92	93	94	95
96	97	98	99	100	101	102	103	104	105	106	107	108	109	110	111	112	113	114
115	116	117	118	119	120	121	122	123	124	125	126	127	128	129	130	131	132	133
134	135	136	137	138	139	140	141	142	143	144	145	146	147	148	149	150	151	152

国民総背番号制

- 全国民に
- 生涯不変の統一番号
- 個人識別のカードを発行し携帯させる。

国が国民の情報を管理、監視する。

現行の住基ネットでは
- 現番号は変更可能
- 住基カードの携帯は任意

まだ

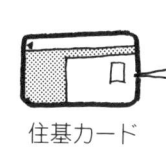

住基カード

氏名・住所・生年月日・性別
血液型
キャッシュカード・クレジットカード
社員証
免許証
パスポート

国民総背番号制は、それらの情報を集約させることが目的。

交通事故に遭ったとき
スムーズに
治療を
受けられる。

役所の証明書類の交付を24時間
土・日にも受けられる。

国民総背番号制によって
犯罪の検挙率は高まるだろう。

でも

個人のプライバシーは………こうなる？？

国民総背番号制が全面稼働したら
　　現金取り引きがなくなり、住基カードで
　　　　　　　　すべて
　　　　　　　　　支払いを済ませ、 
車に乗るときもキーの代わりに
　　　住基カードを差し込み、
　　　　　走行距離
　　　　　走行ルート　──→Nシステム　に
　　　　　場所 
携帯電話の料金も住基カードで支払い、
　　どこにいつ何分電話したかも管理される。 
こうなると、今まで持たなかった人も持たざるを得なくなる。

今日の行動や明日の行動までも分かってしまう
時代がすぐそこまで来ているのじゃ。

第4章 想定できる被害や漏洩について

10　住基ネットの基本情報漏洩により、考えられる被害

住基ネットの本人確認情報；
　　4情報（氏名・生年月日・性別・住所）＋住民票コード等
　　　　が漏洩した場合に考えられる被害は

　　料金回収手紙　や　送り付け商法　に遭うことが考えられる。
　　振り込め詐欺に利用されることも予測される。

料金回収手紙　は
　次のような内容の封書や葉書が届く

　　　　　【御請求通知】《大至急御連絡致します》
　この度は過去に、あなた様が契約された自宅の電話回線から接続された出会いサービス利用料金について運営業者より未納利用料金に関する債権譲渡を受け、私共が未納利用料金の回収作業を代行させて頂く事になりましたので御連絡させて頂きます。現在は下記に記載の利用料金が未納となってますので遅延損害金および回収代行手数料も含めて〇月〇日（〇）午後〇時までの振り込みをお願いします。御支払い期限までに下記に記載の指定口座まで御入金して頂くよう御願い申し上げます。
合計お支払い金額：〇〇〇円
運営業者：〇〇〇　未納利用料金：〇〇〇円　遅延損害金：〇〇〇円
回収代行手数料：〇〇〇円
　速やかに御入金して頂けない場合は各地域の債権関連業者および関連事務所へ登録情報および個人情報を受け渡しますので、最終的に集金専門担当員を御自宅などに訪問させて頂きます。その際には上記の合計支払い額に交通費と人件費を加算して約〇倍の請求をさせて頂く場合が御座いますので必ず御入金下さい。

このようなもので、明らかに詐欺と分かる
ものだが、支払う人が実際に存在する。

送り付け商法 は

………平日の昼間が多い。
　　　妻や家族がだまされることが多い。

………夫が依頼したものと思って
　　　支払うことが多い。
　　　（宅配業者はこれを差出人の
　　　　指定口座などに振り込む）

………金額は5000円ていどで
　　　家族がつい支払ってしまう額。

………マンションの管理人や
　　　隣の住民が善意で代金を
　　　立て替えてしまうケースもあった。

………善意でしてくれた相手に
　　　弁償しろとも言えず仕方なく
　　　被害届を出すのをあきらめ
　　　てしまうケースが多い。

送付相手に確認がとれても
「あなたのご主人がこっそり注
文したのにバレたので嘘をつ
いてる」などと説明される。

被害に遭わないために受け取る前に次のことに注意しよう。

- 本人に携帯電話等で確認がとれる場合には至急
  確認をとる。

- 本人と連絡がとれなかったりはっきりしないときは
  いったん配達業者に持ち帰ってもらって、確認後受け
  取りに出向くか再度持ってきてもらう。

11 住民票コードがすでに流出しそうになった現実

町民約1500人分の住民基本台帳ネットワークの住民票コード番号を記載した敬老会招待者名簿が配布された（東北地方の某市）。

敬老会の打ち合わせに来た区長約40人に配布されメンバーの一人が住民票コードに気づき、その場で町職員が回収したことになっている。

75歳以上の町民の
名前
住所
生年月日
住民票コード

町によると　名簿は

同町保健福祉課が町独自で住民基本台帳を管理していた端末を使って作成した。

作成した職員は住民票コードとは認識していなかったとのこと。

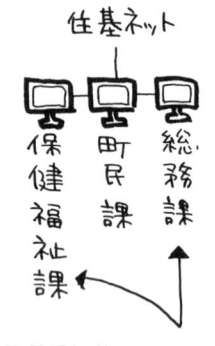

住基ネット
保健福祉課　町民課　総務課

町民課以外にこの二つの課も住民票コードを入力したパソコンを持っていたことも判明した。

一人の知識の低い職員によって住民票コードが流出しかけた。

マスコミはもっと大きく報道してほしいと思いました。

セキュリティ指針を調べてみると

「住基ネットのセキュリティ確保のために、最高責任者として『セキュリティ統括責任者』を定め、その権限及び責任を明確にする必要がある。定期又は必要に応じて随時、外部監査を実施する等、住基ネットのセキュリティを確保するため、第三者の視点で点検・評価し、その結果をフォローアップする体制を整える必要がある。特に 教育・研修 の実施に関する責任者は、対象者、内容、実施時期等を盛り込んだ計画書を作成し、住基ネットの操作及びセキュリティ対策について、計画的に教育・研修を行う必要がある」

とある。

この 教育・研修 が行われていなかったことが今回のことで疑われる。

私の住んでいる市の市民課に
　住基ネットの私の情報の利用方法についての
　開示請求をしたら………

担当者が不在のために即答できません

と回答があった。

この時点で全職員の研修や教育が
行われていないことが分かった。

今後、発生するであろう住基ネットでのトラブル

☆ 緊急障害
　ハードウェア
　ソフトウェア　　の機能が正常に作動しなくなる。
　ネットワーク

☆ 不正使用
　目的外使用
　住基ネットの運用を阻害する行為

このようなことが起きたとき敏速に
対応することができるじゃろうか。

第4章　想定できる被害や漏洩について　119

12　住基ネットにより、アイドルの裏住所録が作成される

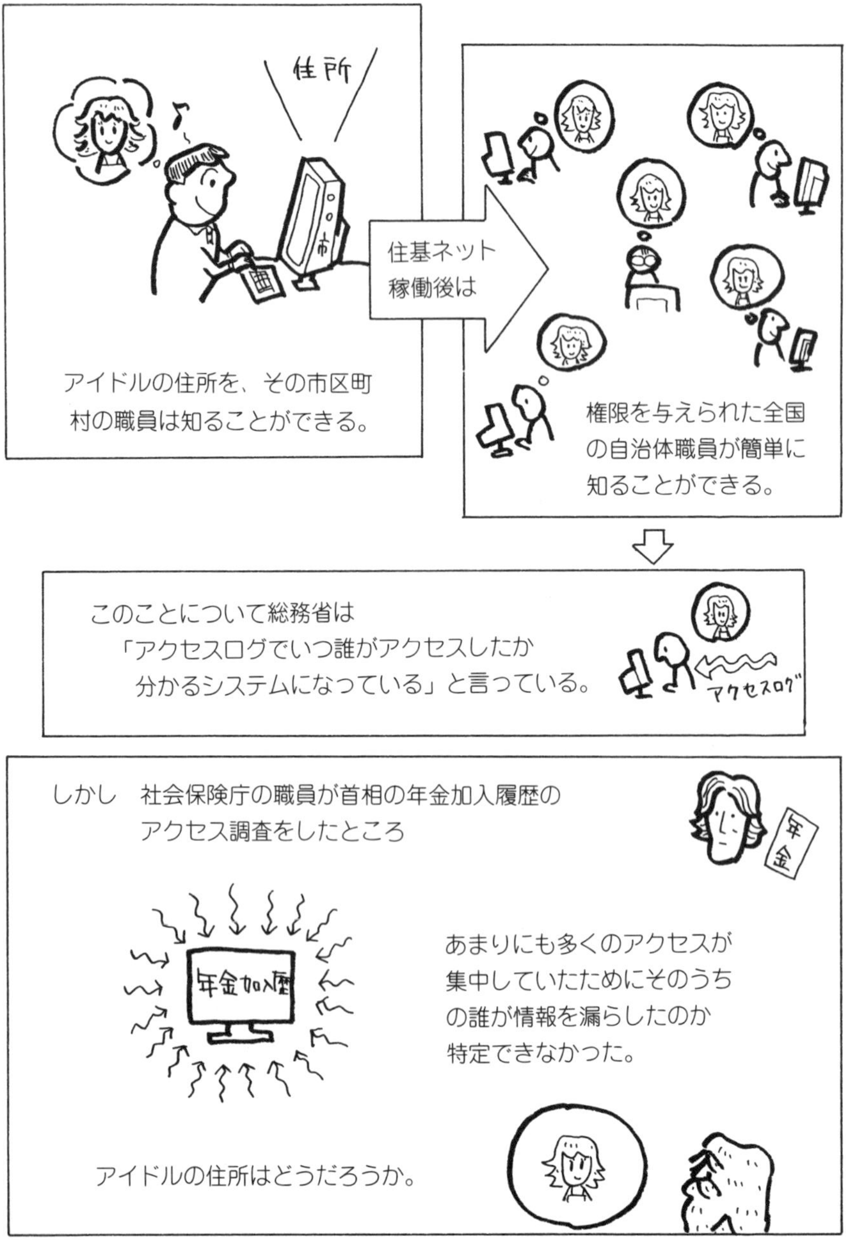

アイドルの住所を、その市区町村の職員は知ることができる。

住基ネット稼働後は

権限を与えられた全国の自治体職員が簡単に知ることができる。

このことについて総務省は「アクセスログでいつ誰がアクセスしたか分かるシステムになっている」と言っている。

しかし　社会保険庁の職員が首相の年金加入履歴のアクセス調査をしたところ

あまりにも多くのアクセスが集中していたためにそのうちの誰が情報を漏らしたのか特定できなかった。

アイドルの住所はどうだろうか。

自治体職員が個人情報を売り買いした事件
警察官が個人の前歴情報を売り買いした事件
＞ 今まで何度もあった。

三重県某市では、

市側：「昭和62年から住民情報をコンピュータで管理し、情報を扱うIDカード所有者や部署以外の職員は、アクセスできないようになっている高度なシステムを構築しているので、公務以外で照会することは絶対にない。」

ある嘱託職員：自分の個人情報へのコンピュータからのアクセス記録を情報公開請求したところアクセスする必要がない部署から住所記録や、資産状況などが分かる住民税の記録が照会されていた。

一般の市民の個人情報を日常的にのぞき見する職場もあった。（→P100〜101）

行政当局によるアクセスが不正でないかを確認できるシステムづくりが必要じゃ。
住基ネットのシステムを動かす自治体職員のモラルは本当に大丈夫なんじゃろうか。

公務員が個人情報を引き出して民間に売ったのは借金苦によるのがほとんどじゃ。

住基ネットでは、法を犯すことになるが買い金額が高額なアイドルや有名人の現住所などが取り引きされないとは限らない。

情報は物ではないから「取り返す」ことはできんのじゃ。

第4章 想定できる被害や漏洩について

コラム4

名簿に掲載されない方法

おまえさんは、今までどれだけの名簿に自分の名前、住所、電話番号を掲載したか考えたことはあるかな？　幼稚園卒園者名簿にはじまって小、中、高校の卒業生名簿、社員名簿、サークル名簿………どうすればその名簿類に名前が載らないで済むか考えてみたんじゃ。

1, 携帯電話を持たない（携帯電話の顧客名簿が漏れている）。

2, 有線電話も引かない（もしどうしても必要なら電話帳への掲載拒否を忘れない）。

3, アンケートには一切協力しない（アンケートの中から100名様に温泉旅行をプレゼントなどのキャッチフレーズがあっても協力しない。温泉旅行どころか個人情報のみ収集されている）。

4, 卒業生名簿には都合で掲載拒否をする（親の仕事上転勤が多いので名前のみの掲載にしてもらうなど）。

5, パソコン、冷蔵庫などの大型消費財を購入しても自分で持ち帰る（運送会社にその店から依頼が行く時点で、店では顧客名簿、運送会社では送り先名簿として残る）。

6, 自家用車を持たない（陸運局に出向くとすぐに持ち主が判明するので名簿が作成されやすい。移動は電車、バス、タクシーを利用する）。

7, クレジットカードを作らない（クレジットカード会社からデータが流出しているので、すべて現金決済を行う）。

8, 株を購入したり株主にはならない(株主名簿、証券会社からデータが漏れている)。

9, ホテルに泊まる場合は偽名を使う(宿泊名簿が漏れている)。

10, 電子メール、掲示板に書き込みをしない(アドレス名簿や自動でメールアドレスのみを収集するソフトが存在している)。

11, 勧誘の電話には、はっきりと断る(あいまいな返事で一度のってしまうと、勧誘にのりやすい名簿に掲載される)。

12, 生命保険や各種保険には加入しない
（保険顧客名簿が出回っている）。

13, 趣味などのサークル活動はしない(各種サークル、クラブ名簿に掲載される)。

14, レンタルビデオを借りない(ビデオ会社が倒産して情報が流出する)。

このように逃亡者のような生活をしなければ個人情報の流出を食い止めることはできん。
アンケートなどで、名前、住所、電話番号の記入欄があれば疑いながら記入したい。

とはいえ、役所で出生者名簿や住民基本台帳が閲覧できるので完全にガードできるわけではない。

自分の住所を使って追跡！

本当の住所が「1丁目10番地15号」であるなら

「1丁目10番地A15号」
「1丁目10番地B15号」と記載して

Aは○○○の会員時、
Bは○○○のアンケートに回答した住所
と分けてこちら側で控えておけば、

ダイレクトメールが来たとき、これらのうちどこから流出したかの追跡が可能になるゾ。

第4章 想定できる被害や漏洩について

丸丸銀行
10000
暗証番号を
入力してください
電話番号
?
誕生日
?
家の番地
1丁目2-34
?
身長
152.6
?
10000
ホ

第5章
個人情報が漏洩する仕組み

1 名簿業者に顧客データが売られる

名簿業者（名簿屋）は都内に20～30社、大阪に10～20社ほどある。電話帳にも広告が出ている。

■大学同窓会
　国公私大（総合、学部別、職業別）、北大、東北大、東大、京大、阪大、名大、東京芸大、筑波大、一橋大、早大、慶応大、明治大、法政大、立教大、学習院大、理科大、青山学院大、同志社大、立命館大、近畿大、芦屋大、上智大他多数

■学生（単学年在校生と卒業生）
　高校在学生、卒業生（単学年）

■高校同窓会
　全国都道府県立、公立、私立

■趣味、旅行、スポーツ
　絵画、書道、茶華道協会、日本舞踊、華道、茶道、小池家元師範会、音楽著作権協会、全国楽器協会、ビジネスホテル協会、日本旅行業協会、全国旅行業者、全国日本スポーツ少年団リーダー、マスコミ、日本ホテル、大型ヨット所有者、各種スポーツ愛好者、狩猟クラブ、ヨット・テニスクラブ会員、競輪選手、モーターボート選手、各スポーツ協会、全国愛犬、全国草野球クラブチーム、マイコンクラブ、ワイン好きの人、ＤＩＹ協会、ハングライダー同好者、読売巨人軍ＯＢ会、カラオケ愛好者、馬主、会国パチンコ店、高級レストラン・バー利用者他

■ゴルフ
　全国ゴルフ場会員

■レディース
　全国中小デパート利用の主婦、高級品志向の女性、常時高額品購入者、自然化粧品購入者、女性開業医、女性社長、一流企業ＯＬ、一般主婦、成人式を迎える女性、成人式を過ぎた女性、訪問販売利用の女性、東京・銀座・大阪・新地のママさん他

■特選（業者・顧客）
　保険契約者、柔道整復師、全国学習塾、薬剤師、百貨店洋品仕入れ担当者、高級印鑑所有者、全国ビデオショップ利用者、ローン利用者

■お金持ち
　高額納税者、優良法人所得者、高額納税の会社社長、医師、優良中小企業、美術品購入者、お金持ちの配偶者他

■社員
　金融、会社役員、民間放送役職員、証券人、リゾートクラブ、全国設計士事務所他

■証券、金融
　株主名簿（大手企業）、大口投資家、株複数所有者

■各界人名辞典
　知名人名鑑、全国寺院大鑑、日本博士名鑑、会社役員・叙勲者名鑑、人事録

名簿あります
名簿買います

名簿業者は名簿をいらない人から買い取り、必要とする人に売る、単なる仲介業になる。最近では、各名簿をパソコンでデータベース化して独自項目別に編集したオリジナルを作成したり、企業からの依頼で、その企業にあったリストを作成してDM（ダイレクトメール）の発送作業まで行う業者もある。

■商工名鑑
　全国法人会商工名鑑、年鑑

■エリート
　医療関係（病院・医師・歯科医師・医籍総覧・医師会・日本製薬工業薬剤師・医育機関・柔道整復師協会等）、有資格者（弁護士・会計士・税理士・弁理士・建築士・行政書士・司法書士・海事代理士・経営診断士）、ロータリークラブ、日本青年会議所会員、商工会議所会員他

■学会、官公庁、団体
　経済同友会、公共企業体・地方公共団体職員、中央官庁・日本記者クラブ会員、各種学会、全国団体名簿他

■教職員
　学校別職員録（各大学・短大・高専・高校等）、都道府県別教育関係職員録他

■産業
　鉄鋼卸問屋、日本鉱業会、海洋会、海運倶楽部、電設工芸会、日本軽印刷工業会、日本倉庫協会、全国建具組合、全日本不動産協会、経団連クラブ、プレハブ建設協会、全国レコード商組合、百貨店協会、日本映画テレビ技術協会、繊維・服飾業界、全国落花生業界、飼料畜産名簿、日本生活協同組合連合会、全国商業通覧、全国鳶職連合会役員理事、全国工場通覧、日本建設名鑑、宅地建物取引業、全国農協、全国食品会社、宝飾品小売・卸業、全国ディスカウント店、日専連全国青年会、現金卸問屋、個人タクシー事業者、醸造協会、通信販売業、手編機協会、全国遊技機組合、全国レディースビジネス企業、眼鏡小売商組合、トラック協会他

■シニア
　一部上場・二部上場企業定年退職者、教職員・公務員定年退職者、全国老人クラブ

ほかに変わった名簿としては、精力剤購入者、愛人バンク・テレクラ利用者、テレクラさくら、一人でカラオケに歌いに行く人、年3回以上海外旅行経験者、ハゲかけている人などがあり、驚いたことに「あと半年で死亡見込み」という、確実に医療関係者から個人情報が漏れたと考えられるものもある。あんたの名簿も勝手に売られておるかもしれんぞ。

2 名簿やデータを売り買いする人と取り引き相場

最初に名簿を売りに来る人はこんな人じゃよ。

1. 名簿屋の存在を知っていて単に引っ越しのための処分で同窓会名簿を持ち込む。 
2. 大手メーカーのリストラ等で会社に不満を抱いたり、お金にするために持ち込む。 
3. レンタルビデオ屋でのバイトを辞めるときに名簿を持ち込む。 
4. 廃品回収者で一般の人から集められた古書の中から名簿だけを抜いて持ち込む。 
5. 自分で資料や情報を集めて編集したリストを持ち込む。

通信販売業者などからの購買歴などのデータベース化されたものなどは高価で売れる。

一度名簿を持ち込むと、何かの名簿が手に入ったときに、また売りに行くリピーターが多いのも特徴。

原則として、名簿はすべて買い受けますが、電話番号の記載がない場合の買い取りは不可です。名簿の形式は本、リスト、フロッピーディスク、MOディスクでも可で、特に生年月日のあるものを歓迎しています。買い取り額の見積もりは、見積もりしたい名簿の発行年、タイトル、ページ数、人数、1ページ目のコピーを添えて郵送すれば4〜5日で見積もり値段を葉書、FAX等で知らせます。

名簿業者

一度、売られれば

さらに転売されたり

企業の営業用ＤＭに使用される。

たとえば　年齢が入った名簿を使って

結婚適齢期の人に結婚式場や男女交際関係のＤＭ。

人生の節目、節目にＤＭ。

1人当たり20円とか30円といったふうに取り引きされておるんじゃ。

名簿やデータを購入する人は

行方不明になった人などの人探し。

結婚相手の出身大学確認。

幼児教室開催のため近くの入園前の幼児がいる家庭に案内状を送る。

通信販売企業や一般企業が購買商品にあったターゲットに的確にＤＭを送付する。

関西新国際空港で3日以上駐車している高級車リストによって、海外旅行代理店が車の持ち主に販売促進活動を行う。

入手しにくい髪の毛が少ない人のデータがあれば、かつら会社や育毛剤関連会社や植毛会社に重宝される。

3 教育機関から情報は漏れる

私は、デザイン専門学校で1.5年間ほど教員として担任を持って仕事をしていたことがあった。教育現場では莫大な数の個人情報が管理されていることに驚いた。

学校の中での子どもたちのプライバシーを考える上で重要なのは、教育現場ではどんな個人情報を持っているかを認識しておくことだ。

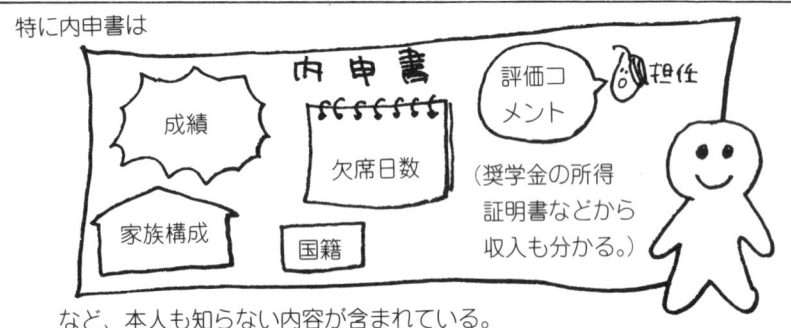

特に内申書は

内申書
- 成績
- 欠席日数
- 評価コメント（担任）
- 家族構成
- 国籍
- （奨学金の所得証明書などから収入も分かる。）

など、本人も知らない内容が含まれている。
これら、学校が持つ個人情報が漏洩したら大変なことになる。

持ち出しできない内申書などを自宅に車で持ち帰る途中、車を離れて車中荒らしに遭ったりと、教員の不祥事が目立ってきている。

教員にもプライバシーについての一層の教育が必要になってくるのではないだろうか。

学校からの個人情報漏洩事件は今でも絶えない。

個人情報が入ったパソコンが盗難される。

職員の車から進路希望調査のデータが入ったフロッピーが盗まれる。

生徒や保護者からデータ収集するときに、その利用目的を明示してない学校が多い。ちゃんと明示するべきではないかな。

学校関係者は、個人情報を学校外に持ち出すのをやめることが必要じゃ（指導要録など重要書類は許可が必要だが、それ以外は黙認されている）。

教育者は、雑用がたくさんあって大変だが、個人情報を学校外に持ち出してはいかんな。いくら『ハローページ』に掲載を拒否していてもこのようなところから情報が漏れているかもしれないので安心することはできんな。

教育関係から個人情報が漏れる仕組み；「卒業生名簿」の場合

調べたい人を「卒業生名簿」「校友名簿」に見つけたら

校友会

本人になりすまして

「校友会の会報が送付されてきませんが今住所はどうなっていますか」

住所は……

（調べたい人の住所が分かる。）

事務局まで出向き本人になりすまして

再就職のために成績証明書を出してください。

成績まで分かってしまう仕組みになっている。

学校卒業生名簿　　　　5年を過ぎると査定がかなり低くなります。
価格は学校の偏差値にあわせるように、
　　国公立から私立有名大学の順
　　最新卒業生名簿の順　　　　で安くなる。

第5章　個人情報が漏洩する仕組み

4　ごみからあらゆる個人情報が収集される

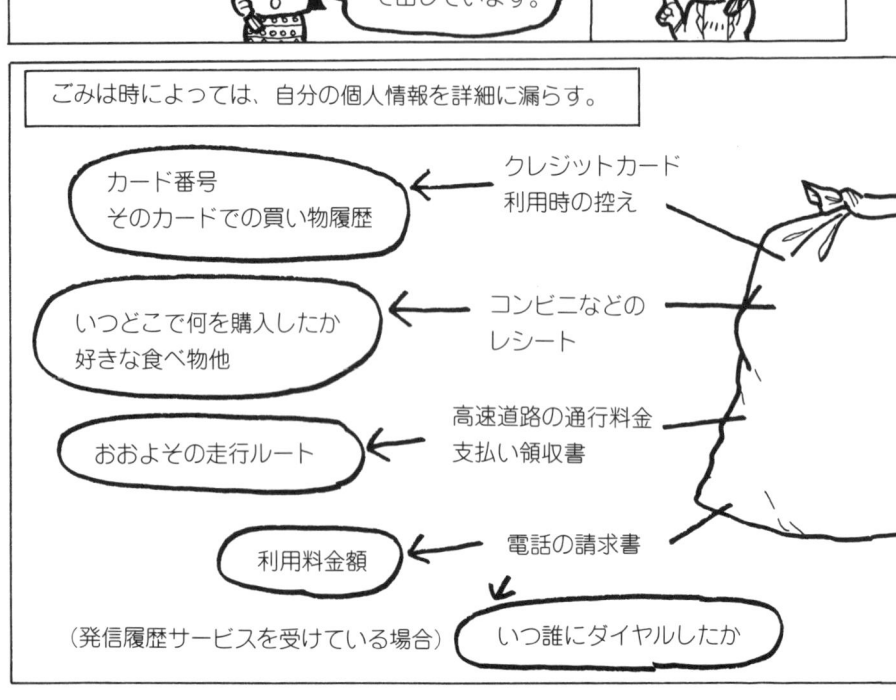

盗聴器発見業者に盗聴器発見を依頼して調べてもらい、発見されませんでしたが、まだ情報が漏れているので原因を追究してほしい。

25才くらい

もっとくわしく話してください。

つき合っていた彼と別れてから、私がいつ、どこで買い物をしたか、どこに行ったかなどを書いたものが郵便受けに入っているんです。

ごみを出すときどうしてますか。

住んでいる所ではごみを選別して出すようになっていますが、買い物レシートや電話の請求書等はそのまま捨てています。
いつも週2回、決まった時間に決まったごみ袋で出しています。

それはごみを拾われて情報が漏れている可能性が高いですね。

ごみは時によっては、自分の個人情報を詳細に漏らす。

カード番号
そのカードでの買い物履歴
← クレジットカード利用時の控え

いつどこで何を購入したか
好きな食べ物他
← コンビニなどのレシート

おおよその走行ルート
← 高速道路の通行料金支払い領収書

利用料金額
← 電話の請求書

（発信履歴サービスを受けている場合）　いつ誰にダイヤルしたか

ごみ出しには十分気をつけねばならんぞ。

家庭用シュレッダーはジグソーパズルの要領で組み合わせることができ、領収書や各種書類等重要なものには不向き。

清掃車の人に直接手渡す。

焼却炉を設置する。

ごみを出すときにごみ袋のくくり方や形を日々変える。
（誰のごみか分からないようにする）

ごみは個人情報の宝庫じゃ。自分が出したごみがちゃんと清掃車に持っていかれるか確認してみよう。

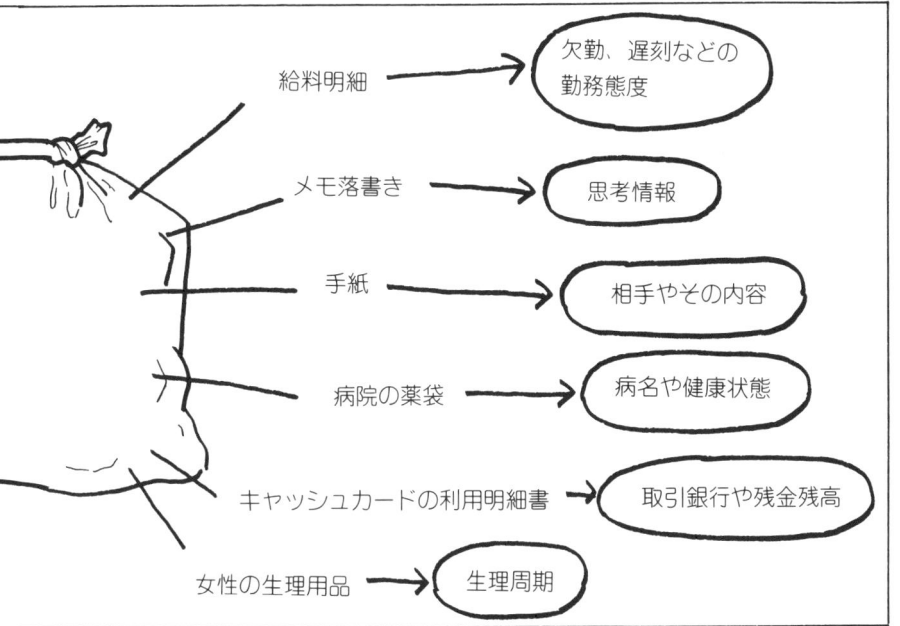

給料明細 → 欠勤、遅刻などの勤務態度

メモ落書き → 思考情報

手紙 → 相手やその内容

病院の薬袋 → 病名や健康状態

キャッシュカードの利用明細書 → 取引銀行や残金残高

女性の生理用品 → 生理周期

第5章　個人情報が漏洩する仕組み

5　コンピュータの廃棄時に情報が抜き取られる

ごみ箱を空にする機能を使えばパソコン（のハードディスク）から内容が完全に消えると思っとらんかね。

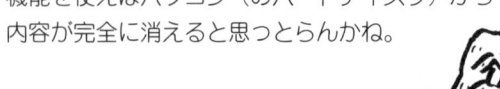

データ復活ソフトを使えば簡単に復活させることができる。

重要データが保存されたままのパソコンが中古パソコン店で見つかった。

病院から捨てられたとされる、患者の病歴が記録された中古パソコンが発見されたことがある。

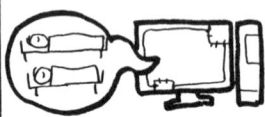

警察の捜査情報が記録された中古パソコンが発見されたこともある。

パソコンを捨てたり人にあげるときは

- ハードディスク内のデータを完全消去するソフトを利用する方法が一般的。

- ソフトを購入しないなら、ハードディスクを取り出して、とんかちなどで潰してしまおう。

暗号化によるデータセキュリティ

を行って重要なデータを守る。

個人情報や企業情報などの重要なデータを扱う部門では一般的。

あらゆるファイル ｛ 文書ファイル / 表計算ファイル / ＣＡＤなどの設計ファイル / 動画像・音声ファイル ｝ など

の自動暗号化を実施して同時にバックアップも行うシステム。

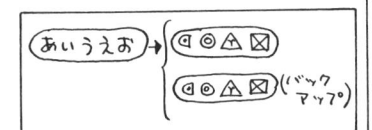

⇩

ノートパソコンの紛失や盗難時にも情報漏洩が防げる。
（部外者により持ち出されても復号できない！）

東北の某地区で住基ネットのデータが記憶媒体ごと盗難に遭ったが幸いこのシステムを使っていたので現時点では漏洩してないようだ。　→p44

コンピュータ関係や秘密文書の処分はどうなっていますか。

秘密文書は焼却処分にするか、文書の紙を溶液の中に入れ溶かします。コンピュータ関係では、記憶媒体を粉砕、溶解、破壊して記録文書データを廃棄しています。

過去には、廃棄された中古コンピュータから個人情報だけを収集して売却する悪徳業者も存在していた。

リースしている場合、リース会社で個人情報を漏洩されたら、漏洩させた責任はリース会社だけではなく、リース利用者側も問われる。

漏洩したデータは取り返すことはできないのじゃ。

第5章　個人情報が漏洩する仕組み

6　車のナンバープレートから、簡単に持ち主が割り出せる

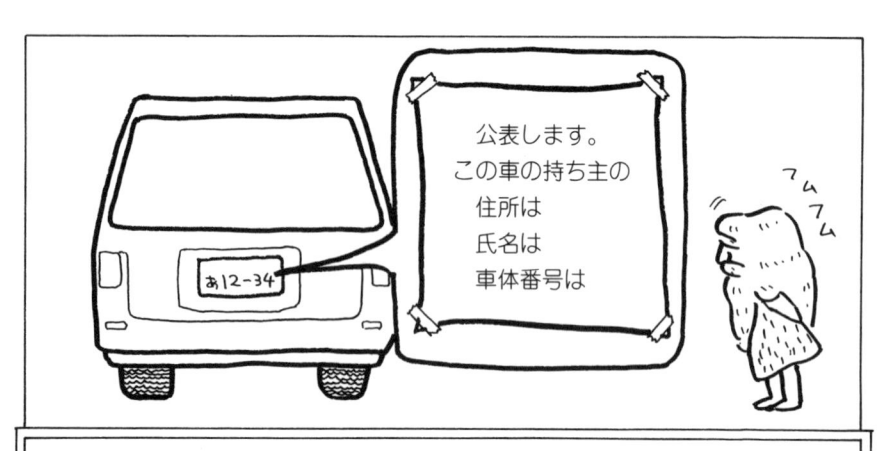

公表します。
この車の持ち主の
住所は
氏名は
車体番号は

車のナンバープレートは持ち主の住所、氏名を公表して走っているようなもの。

テレビのワイドショーで、芸能人の車のナンバープレートにモザイクがかかっているのはそのせいじゃよ。

ラブホテル駐車場の車のうち、中年が乗っているようなセダン車を選んで、そのナンバープレートから所有者の住所を割り出し「不倫の証拠をつかんだ」と無差別に脅迫状を送り付ける恐喝事件が発生した。

この犯人は、以前勤めていた住宅販売会社で住宅展示会場を訪れる車のナンバープレートから陸運支局で住所を割り出し、ダイレクトメールを送付する販促活動を行っていたので犯行を思いついた。

ナンバープレートから住所、氏名を割り出す方法

必要な物；調べたい車のナンバープレートの番号
　　　　　自分のハンコを一つ
　　　　　300円

方法；1. 近くの運輸省陸運支局に出向き
　　　　　登録事項等証明書交付請求書に
　　　　　　自分の住所、氏名、
　　　　　　調べたい車のナンバープレートの番号
　　　　　　（日本全国の陸運支局がオンラインでつながって
　　　　　　おりどこの都道府県のナンバープレートでも可）
　　　　　を記入して自分の名前の横に捺印する。

　　　2. 手数料納付書に
　　　　　300円の自動車検査登録印紙を貼り窓口に提出する。

　　　3. 50分ほどで
　　　　　検査証と同じ書式の　登録事項証明書　が交付されて
　　　　　住所、氏名が判明する。
　　　　　（過去の所有者の履歴が判明する詳細証明は
　　　　　1週間ほど時間がかかる。）

連日、登録事項証明書待ちの人であふれており1時間以上待たされるときもある。

どんな目的で交付を？　　（ほとんどの人から取材拒否された。）

外車販売業者　　街でみかけた外車のナンバープレートをチェックして外車の買い換えリストの資料にしている。

探偵事務所の人　　浮気相手を調べる。名簿業者に転売する。

街で見かけた美人ドライバーのリスト作成のため。

などなど。

軽自動車ではプライバシー保護のためにこのような制度はない。

業者にとっては便利な証明書だが、法律で規制をかけるなどしないと　車のナンバープレートから自由に住所、氏名を割り出されるままだ。

138

7　懸賞応募は個人情報を業者に売っている

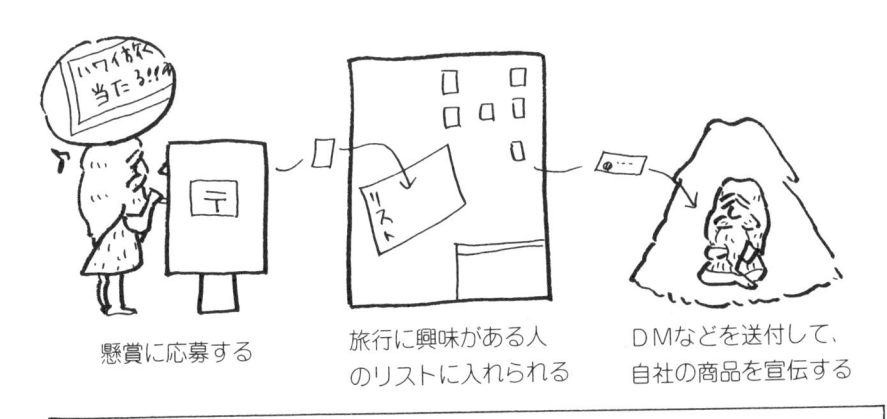

懸賞に応募する　　　旅行に興味がある人　　　DMなどを送付して、
　　　　　　　　　　のリストに入れられる　　自社の商品を宣伝する

懸賞に応募するということは、あんたの個人情報を
タダで「業者に売っている」ということじゃ。

特にインターネットでの懸賞は、危険が増す。

- ホームページは誰もが簡単に開設できる。

- 応募者のデータを、自動的にデータベース化するようにシステムを
  設定してある。

葉書などの場合は、
キーボードで誰かが打ち込む。

インターネット応募の場合は、データ
ベース化のための人件費が節約でき、
悪徳業者のデータベース化の手助けを
応募者みずからしていることになる。

「高級外車が当たる」という懸賞があった。
　　当選者は誰もなく、
　　　応募してきた個人情報だけを収集していた。

これらの悪徳業者の手口は、住所、氏名、年齢以外に、職業、
家族構成など、多くの不必要な情報を要求するのが特徴だ。

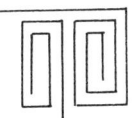

第5章　個人情報が漏洩する仕組み

宝くじのように、実際に当選者を出しているのかどうか、応募者側からは分からないような仕組みになっている。懸賞を実際に提供しているのを確かめることができない。

不必要な質問が多数含まれているものや出所がはっきりしない懸賞は104（NTTの番号案内）などで主催者の存在を確認してから応募しよう。

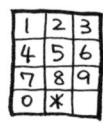

懸賞に参加すれば

- 「商品案内のDMが届く」
- 「電話で勧誘がくる」
- 「メーリングリストに登録されて電子メールが届く」

ということを頭に入れて参加してほしい。

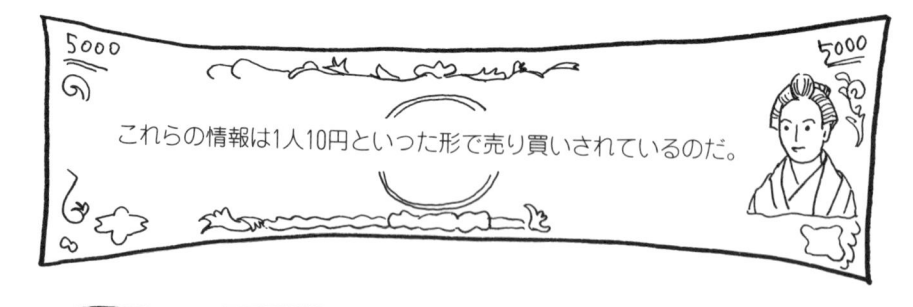

これらの情報は1人10円といった形で売り買いされているのだ。

入力いただいた情報は他の目的には一切利用いたしません。

と書いてあるページでも契約書を交わしてないので利用されないという保証はないのじゃ。

8 クレジットカード作成時には、情報漏洩に合意している

クレジットカードの新規申し込みの手続きをしたら、

<u>信用情報機関に</u>
住所、氏名、契約内容、これまでの支払い状況などが自動的に登録されることをご存じかな。

↓ 信用情報機関に登録されれば

銀行、信販会社、全国のサラ金業者にクレジットカードによるこれからの借金、ローンの記録などが登録される。

「承諾をしていないのにどうして」と思うだろうが契約書を取り出して注意深く読んでみると、
<u>「他の信用情報機関への個人情報の登録契約に合意する」</u>
となっておるんだな。文字が見えないほどの大きさで

> 信用情報の利用ならびに登録の項目；当社が入会審査および会員の資格審査を行うに際して、日本クレジットカード協会加盟のクレジット会社、当社が加盟する信用情報機関および当該信用情報機関と提携する信用情報機関に、会員および入会申込者の信用情報が登録されている場合には、当社がこれを利用することに同意するものとします。本規定により発生した客観的な取引事実に基づく信用情報および入会申込の事実が、日本クレジットカード協会加盟のクレジット会社、当社が加盟する信用情報機関に7年を超えない期間登録されることに合意するものとします。

と書かれている。これらの契約は、知らないうちに（読まないうちに）合意していることになっているのじゃ。

これはブラック情報（返済できないとか、延滞しているなどの事故情報）をやりとりするためで、金融業者としては当然のことじゃ。

第5章 個人情報が漏洩する仕組み 141

驚いたことにこのカード会社では個人情報を外部に漏らしてもいいという内容も契約書に書いている。

> 会員は当社を含む×××グループ各社および当社が認めた会社等から、会員に各種宣伝物を郵送、電話、e-mail等を用いて送付または通知することをあらかじめ同意するものとします。但し、会員が当社に対して反対の意思を示した場合はこの限りではないものとします。

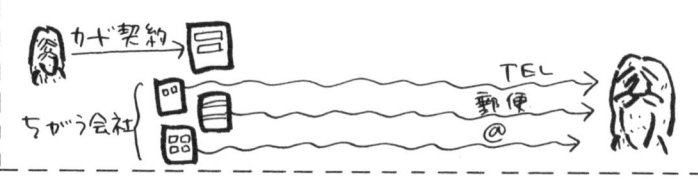

いやな場合は反対の意思を示せばやめることもあると書いてあるが、反対の意思を示した人はいるかな。

先日、この信用情報機関の一つで、個人情報転売事件が発生した。

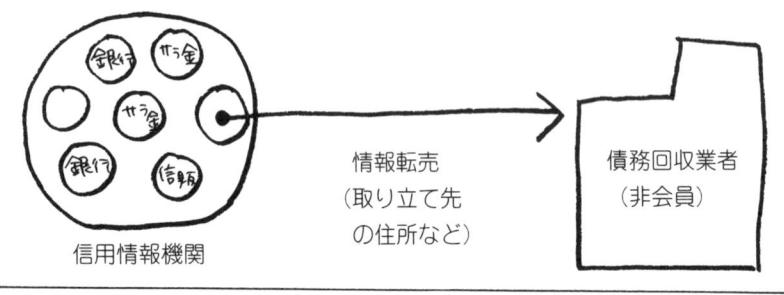

カード購買履歴は簡単に知られてしまう。

カード会社の管理担当者は、顧客のカード購買履歴を簡単に知ることができる。それらの情報から趣味、嗜好などの個人情報が転売されない保証はない。

9　興信所・探偵社からプライバシーが暴かれる

興信所、探偵社は誰でも簡単に経営を開始することができる。
（一部の地域では開業時のみ届け出制）

何か特別な権利があるわけではないので
個人の履歴や身元調査や戸籍謄本の閲覧をすることはできない。

主に　　聞き込み　　張り込み　　外見調査

場合によっては　　盗聴　　盗撮　　偽造委任状 → 戸籍謄本

本人になりすまして住民票の交付を受ける

戸籍謄本を請求できる人

- 本人
- 一定の親族

- 国や地方公共団体の職員
- 弁護士
- 司法書士
- 土地家屋調査士
- 税理士
- 社会保険労務士
- 海事代理士
- 弁理士
- 行政書士

が職務上請求する場合

上の業種の人と裏取り引きして戸籍を入手している場合もあった。

興信所、探偵社では戸籍入手は一切認められないのに営業品目の中に必ず戸籍調査がある。

第5章　個人情報が漏洩する仕組み

雇用調査 も営業品目の一つに挙げている。
履歴書の偽りを調べる……

企業に転職、就職する場合に学歴を偽っていないか、前の職場を、辞めた本当の理由は何か、など。
偽りが分かれば、その時点で書類審査不採用となる。

転職先の企業の人事担当者が前の職場に直接電話で問い合わせる場合もある。

このようなことの防御方法は、

尾行されているかもしれないと思い常に注意するか

役所で他人に自分の戸籍謄本や住民票を請求されていないかを情報公開制度を利用して監視することしかない。

興信所、探偵社に実際に調べられた人がこの世には星の数ほどいる。

そのほとんどの人が、調べられた事を知らない。

個人のプライバシーは、興信所、探偵社の手にかかれば、現時点ではあきらめるしかないようじゃ。残念じゃが、自分の過去を調査されても困らない立派な過去を築くことに努力するしかない。

10　あなたの周囲の人から個人情報が暴かれる

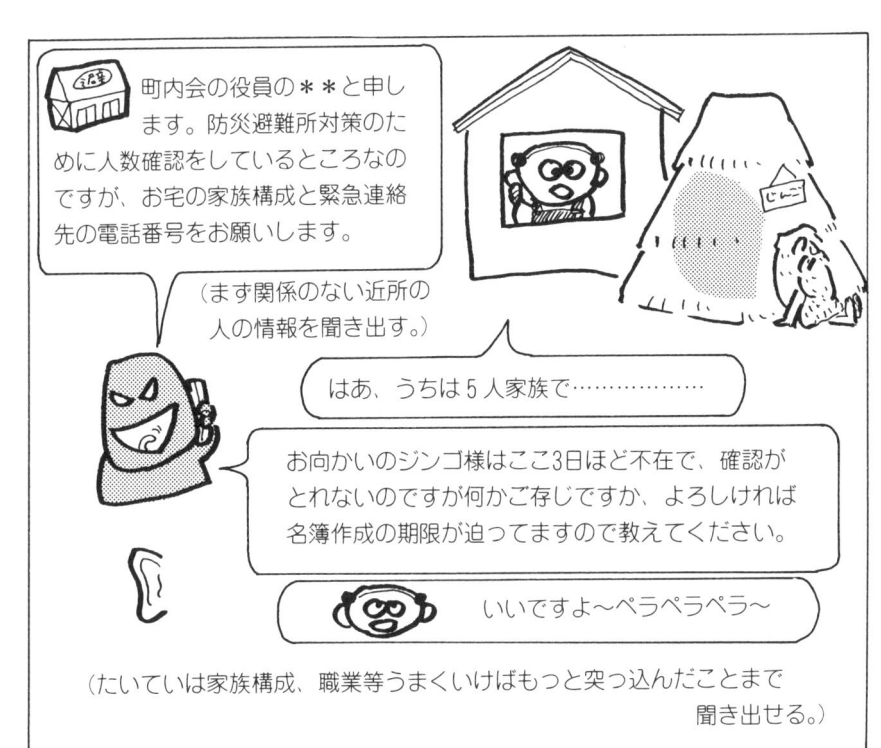

町内会の役員の＊＊と申します。防災避難所対策のために人数確認をしているところなのですが、お宅の家族構成と緊急連絡先の電話番号をお願いします。

（まず関係のない近所の人の情報を聞き出す。）

はあ、うちは5人家族で……………

お向かいのジンゴ様はここ3日ほど不在で、確認がとれないのですが何かご存じですか、よろしければ名簿作成の期限が迫ってますので教えてください。

いいですよ～ペラペラペラ～

（たいていは家族構成、職業等うまくいけばもっと突っ込んだことまで聞き出せる。）

こちらは、何々宅配便です。ジンゴさんの荷物をお届けに上がったのですが、ご不在でした。伝票が雨に濡れて読めないので電話番号を教えてください。

大家　あるいは　管理人

はいはい。ジンゴさんは……

あんたのプライバシー情報は、あんたの周囲の人から漏れていることがあるぞ。

初めまして…………
当社の製品＊＊をぜひ
お買い上げいただきたく

（よく使われる手）
セールスマンを装う。
パンフレットと手土産を
用意して訪問。
セールスがうまくいかな
いように話をする。

では、ご近所に
どなたか………

近所の近況などを尋ね

あのお向かいの方はどんな
方なんでしょうね……

ターゲットの
ことを、それ
となく聞き出
してしまう。

直接、親から聞き出す

＊＊中学の同窓会実行委員の＊＊と申し
ます。このたび、卒業式のときに埋めた
タイムカプセルを、15年ぶりに掘り出し、
その日に同窓会も行いますので＊＊様に
連絡を取りたいのですが今、どんなご様
子ですか。連絡先は？………

このように自分自身がいくらプライバシーのことに注意
していても周囲が関心がなく、まして他人や家族のこと
なら簡単に教えてしまうことだろう。

周囲の人には常日頃から何か連絡があったらすぐに教え
てもらうと同時に「一切の個人情報を第三者に教えない
でほしい」と徹底した根回しが必要じゃ。

11　企業がネットマーケティング活動と称して、個人情報を収集している

パソコン雑誌やテレビ局から「アンケートメールに答えてください」というメールが送られてくることが最近よくある。

マーケティング活動の一つです。住所、氏名、電話番号、家族構成、職業、性別、年齢、年収、メールアドレスなどを記入して返送してください。抽選で高級外車が当たります。

絶対に信用してはいかん！　発信者のメールアドレスは、いくらでも偽名で新規登録が可能なんじゃよ！！　希望どおりのアドレスがほぼ取得できるんじゃ。「有名なパソコン雑誌＠＊＊co.jp」というアドレスでもじゃ。疑わしいときは相手の連絡先、担当者確認のためにそのままメールで返送してみておくれ。

無料メールサービス；自分のメールアドレスを登録しておくと定期的に最新ニュースや情報を配信してくれる。簡単に興味のあることについて情報交換ができるので、進んで会員になる人が多い。

- 無料であなたにあった情報を提供するので会員になって下さい。　登録
- いっこうに情報が送信されてこない。
- そのページにアクセスしてみるとそのページはなくなっていた。　みつかりません

この場合は100％登録した個人情報が売られていると推測できる。

インターネット商店街はオンラインショッピングをしてもらえなくても、商品を閲覧してもらえばそれだけで、欲しいデータを集めることができる。アクセス記録から、人がどんな商品に関心があるのかが分かるからだ。

どんなアンケートであっても疑いをかけて、一切応じないのが情報が漏れない堅い方法じゃ。

第5章　個人情報が漏洩する仕組み

コラム5

自己調査を事前にして結果を把握しておく

ワシの名前はジンゴ。変かな？
縄文時代の人間なんじゃ。なんでここにおるのか
ワシにも分からん。
年齢は分からん。妻には先立たれ、子どもは
独立した。一人暮らしで……

と、自己紹介をしたことがあるじゃろう。自分のことは自分がいちばんよく知っていると思っとらんかな？

自分は他人にどのように評価されているか、
自分の情報は正確か、
を調査してもらい、
その情報を把握したいと思わんかな。

結婚前に実際に自分で探偵社や興信所に調査依頼をかけて、その結果から不都合な部分などを改善するための自己調査は多くなってきている。調査をすれば、新しい自分の発見があったりする。

婚約時にその自己調査報告書を添えて「私はこういう人物でローンはこれだけで、偽りはありません」という自己ＰＲの方法もある。

ローン関係は自分で調べられるので間違った情報ではないか確認しておきたい。

自分のローン関係を確認する方法

個人信用情報機関

　株式会社シーアイシー
　全国銀行協会個人信用情報センター
　全国信用情報センター連合会
　株式会社セントラル・コミュニケーション・ビューロー　など

には自分の情報を確認できる「本人開示制度」というものがある。
無料で消費者ローンの借り入れ内容や延滞等の情報が確認できる。

依頼方法；身分証明書（運転免許証・旅券・健康保険証等 その他本人と確認できるもの）

を持参して申し込み用紙に
必要事項を記入して申請する。
↓（10分ほどで）
以前ローンを組んでいた項目や返済状況などが分かる。

一度間違った情報が登録されていないか確認してみてね。

自己調査を興信所・探偵社に依頼すれば、

　経歴、趣味、健康状態、財産、勤務先での仕事
　に対する評価、近所の評判、などについて

　1週間程度。
　費用は、5万〜10万円ほど。

余裕があれば自己調査を依頼してみれば、誰かに調べられたときも対処しやすいことは言うまでもない。

第5章　個人情報が漏洩する仕組み　149

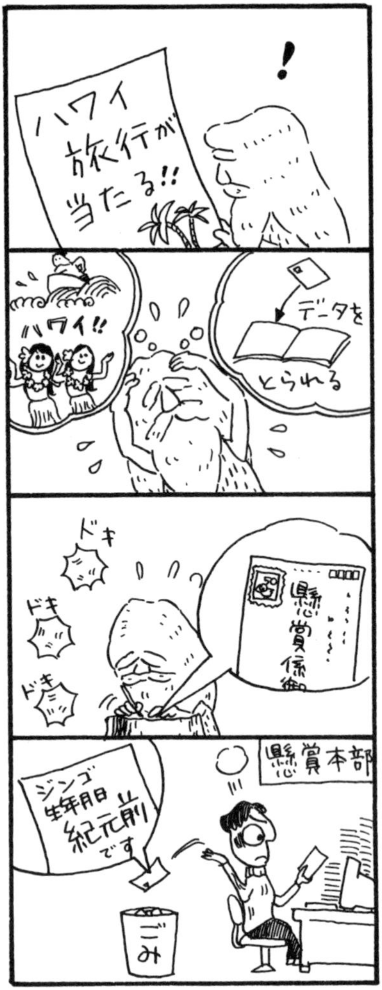
ハワイ旅行が当たる!!
!
ハワイ!!
データをとられる
ドキ
ドキ
ドキ
懸賞係御
懸賞本部
ジンゴ
生年月日
紀元前
です
ごみ

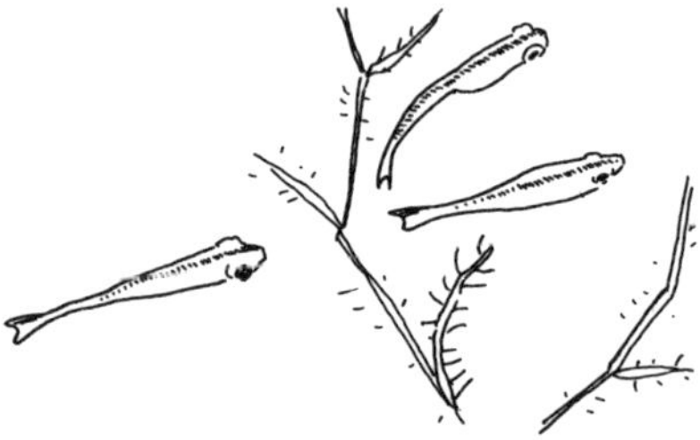

第 6 章
住基ネットからプライバシーを守る方法

1　プライバシー権について把握する

プライバシーの権利は
「自分の情報をみだりに公表されない」と定義されている（憲法第13条）。

芸能人・文化人は常にその危険に面しているが、

普通の善良な市民であってもプライバシー侵害の危険は常にある。
　　取り引きしている会社や、
　　　銀行などからの
　　　　　顧客情報漏洩事件　などが跡を絶たない。

プライバシーの権利は、以下のような場合に主張できる。

私生活上の事実またはそれらしく受け取られるおそれのある事柄。	もし公表された立場に立たされた場合普通の人なら公表してほしくないと思うと認められる事柄であること。
公表によって公表された人が実際に不快感や不安感を感じたこと。	一般の人に知られていない事柄であること。

実際に救済するためには
　　プライバシーが公表される前の段階でも
　　　　公表の差し止めを求めることができるとされている。

プライバシー侵害にあたらないとされること

　　　本人の承認がある場合。

　　　税関調査　｝　などの法律に基づく行為。
　　　捜査令状　　　（正当行為と認められる）

プライバシー権は、社会の変化に伴う新しい
人権のひとつで、その侵害に対して裁判でも
高額の賠償額が認められる傾向にあるのじゃ。

だが下のようにまだまだなんじゃ。

企業や自治体などが管理している個人情報が大規模に漏洩した事件
1. 東京都某区で定期健康診断データ8万人分が持ち出された。
2. 大手消費者金融会社の顧客データ20万人分が漏洩した。
3. 某銀行の2万人分の顧客リストが名簿屋に流れた。

現行の法律には情報を盗む行為を罪に問う規定はないので、
次のような罪名で対処された。

1の事件は、「恐喝罪」
　　某区の職員がデータを他の情報買い取り屋などに
　　漏らさないように買い取ることを指示していたため。

2の事件は「窃盗罪」
　　顧客データが打ち出された3000枚の用紙を盗んだとして。

3の事件は「業務上横領罪」
　　このリストは銀行の財物として認定されて、
　　名簿屋に持ち込んだ派遣社員に対して。

2005年4月に個人情報保護法が施行された。
この法律では、今まで野放し状態であった、顧客名簿
の売り買いが規制されることになっている。

名誉毀損について

名誉は人に対する社会的評価を意味する。
　Aさんが「浮気性だ」と言いふらされてもまわりの人がすでにAさんは「浮気性だ」と認識していた場合いくら自分では名誉を侵害されたと思っていても名誉毀損は成立しない。

2　住民票コードの受け取り拒否を実行すると

自分のプライバシーは他人に守ってもらうものではなく、自分で守ることがプライバシーの基本です。

住基ネットはすでにスタートしている。
住基ネットに参加している市区町村に居住している人には自宅に11ケタの住民票コードが届いているはずだ。

私は、住基ネットについては 選択制 を主張したいので、普通郵便で送られてきたものに対して「受け取り拒否」を実行して封書を返送した。

受け取り拒否 は、不必要に届いたDM（ダイレクトメール）を「受け取り拒否」と上書きし郵便局に持参して送り返してもらうか、自分で返送して相手に自分の情報の抹消の手続きをさせる方法。

受け取り拒否の結果はどうなりましたか。

国が決めたことなので、受け取り拒否を実行されていても住民票コードの削除などは行われません。通知書は法に基づいて発送しており返却を受けるものではありません。

住民票コードは住民基本台帳ネットワークシステムの基礎となるとても重要なものです。むやみに他人に教えたりせず、大切に保管するように。

どうして大切なものを配達記録郵便で送付しなかったのですか。

上からの指示で、この市では配達記録郵便ではなく普通郵便にするようになっています。郵便局に出せば普通郵便でも確実に届きます。これらのことについてはこちらでは関知できません。郵便局に確認してください。

送付されてきた方法は普通郵便が多数、一部配達記録郵便の葉書。
（ 主催の「情報110番COM」でのアンケート）

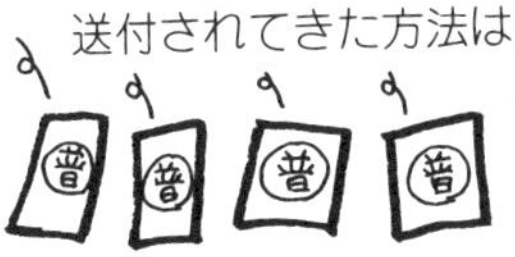

送付方法は各自治体が独自で決定している。住民票コード番号通知書は、一方的に国が決めたことであって、自治体間では意思統一ができていない証拠だ。

8政令指定都市で約2400件の受け取り拒否があった（総務省のまとめ）。

現時点では住基ネットに賛成している人の割合は低く、反対している人の全ての世帯で「中止請求」を実行すると、住基ネットの崩壊の可能性も残っているのではなかろうか。

第6章 住基ネットからプライバシーを守る方法　155

3 自分の個人情報閲覧履歴を開示請求しよう

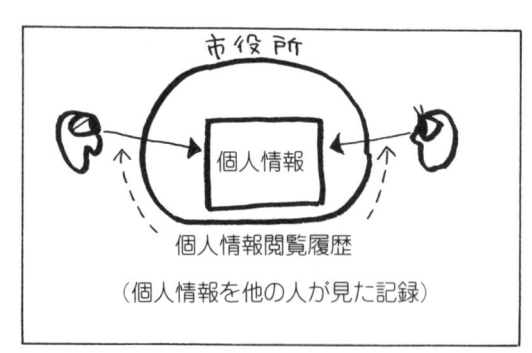

（図：市役所 個人情報 個人情報閲覧履歴（個人情報を他の人が見た記録））

住民情報オンラインシステムなどの、私の個人情報へのコンピュータの接続記録の開示を住んでいる市に請求した。すると、市にある他の行政機関から不審な照会があったことが判明した。

誰が何のために情報を引き出したのか経緯や目的などを再度申請したが、「前例がない」との理由で拒否された。

住基ネットの個人情報への接続記録、履歴はどうなっていますか。

これは市には関係がないので、府に確認してほしい。

住基ネットについてのアクセスログ

自分の情報がいつ、どの行政機関にどのようにして閲覧されたかなどは公表されるようになった。しかしその担当者氏名や目的は、守秘義務などの理由で、開示されない場合が多い。

これは、自分の情報が守られているかをチェックできる重要な情報。自分の個人情報が、住基ネットの中でどのように扱われているかを知る目安になる。

総務省が「住基ネットは100％安全」と主張しているのなら開示する必要があるのでは。

自治体の個人情報保護条例などが独自に決められており通信記録情報自身が保護されるべき個人情報に該当する場合も考えられます。条例に従い開示する場合もあるが、基本的に開示しないほうが多いのではないでしょうか。

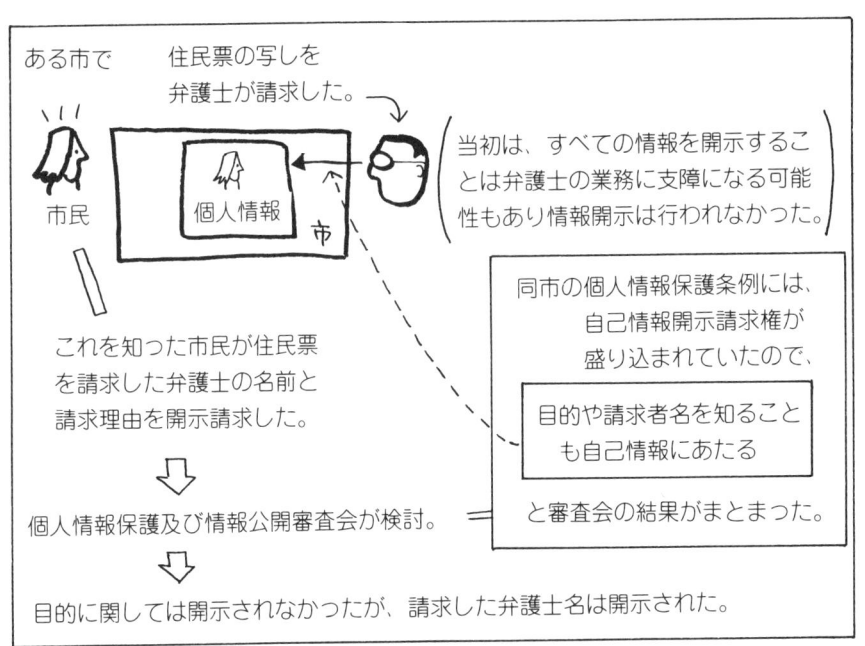

ある市で　住民票の写しを弁護士が請求した。

市民　個人情報　市

当初は、すべての情報を開示することは弁護士の業務に支障になる可能性もあり情報開示は行われなかった。

これを知った市民が住民票を請求した弁護士の名前と請求理由を開示請求した。

同市の個人情報保護条例には、自己情報開示請求権が盛り込まれていたので、

目的や請求者名を知ることも自己情報にあたる

と審査会の結果がまとまった。

⇩

個人情報保護及び情報公開審査会が検討。

⇩

目的に関しては開示されなかったが、請求した弁護士名は開示された。

自己情報の開示請求の仕方

個人情報担当窓口に備え付けの「個人情報開示請求書」に住所、氏名、開示請求する自己の個人情報の内容等の必要事項を記入して提出する。原則として請求する本人が請求書を持参して運転免許証などで確認後、15日前後で審査され結果を確認することができる。

誰でも実施機関に対し、公文書または磁気テープ等に記録された自己の個人情報を開示請求できる。

様式第3(第4条関係)

個 人 情 報 開 示 請 求 書

年　月　日

殿

請求者	□本人	住所	
	□法定代理人	氏名	
			電話

東大阪市個人情報保護条例第14条 □第1項 □第2項 の規定により、個人情報の開示を請求します。

個人情報の名称又は内容	
開　示　の　方　法	□閲覧　□視聴　□写しの交付　(□郵送希望)

法定代理人が請求する場合には、次の欄にも記入してください。

未成年者又は成年被後見人の別	□未成年者　□成年被後見人	
本人の氏名及び住所	氏名	
	住所	電話

次の欄は、記入する必要はありません。

本人又は法定代理人であることを確認した書類	□運転免許証　□旅券　□外国人登録証明書　□その他(　　　)
法定代理人関係があることを確認した書類	□戸籍の謄本又は抄本　□その他(　　　)
担　当　課	(内線　　　)
備　　考	

(注)　1　該当する□には、レ印を記入してください。
　　　2　開示請求に係る個人情報の名称又は内容については、できるだけ具体的に記入してください。なお、記入に当たっては、係員にご相談ください。
　　　3　開示請求に際しては、本人又は法定代理人であることを証明するために必要な書類を提出し、又は提示してください。

4 住民票コードを回避する方法が存在する

住基ネットに参加しない自治体がある。
（離脱や選択制を導入している）

東北地方の1町
中部地方の2町
東京都の1区、1市
神奈川県の1市

これらの市区町村は
プライバシーの漏洩 が懸念されるための離脱・選択制なので、個人情報保護法の施行後は参加を検討するとしている。

総務省では、違法としているが、何の処罰もない。

現時点では、住民票コードを回避する方法は、上記の地域に転居するしかないのじゃ。

総務省…………住基ネット離脱は違法

不参加の自治体……住基ネット離脱は合法

住民基本台帳法 では

市区町村長は、住民基本台帳又は戸籍の附票に関する事務の処理に当たっては、住民票又は戸籍の附票に記載されている事項の漏えい防止その他の住民票又は戸籍の附票に記載されている事項の適切な管理のために必要な措置を講じなければならない

と定めている。

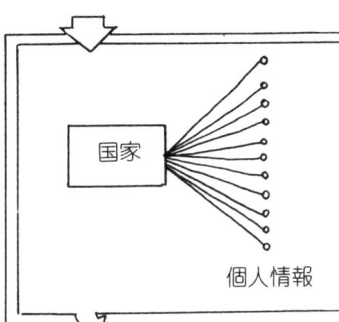

国家が
　住基ネットによって
　　国民のプライバシーに深くかか
　　　わる個人情報を、
　一元的・集中的に
　　　　　　管理している。

国家

個人情報

これは、憲法により保護された
　　　国民のプライバシー権
　　　自己情報コントロール権
　　を侵害するおそれがあるのではないだろうか。

セキュリティに関しても
　　大量の個人情報流出等の可能性を否定できない。

プライバシー権

現時点で　氏名・性別・生年月日・住所とその変更情報及び住民票コード

- 世帯主との続柄
- 住民となった年月日
- 住所を定めた届け出の年月日及び従前の住所　戸籍の表示
- 転出先及び転出の予定年月日
- 児童手当の加入状況
- 国民健康保険の加入状況
- 介護保険の加入状況
- 国民年金の加入状況

が、すでに住基ネットに流れようとしている。

各市区町村で希望者に対し住基カードの交付サービスも開始されている。

住基ネットには種々の危険性が伴い、個人情報の保護法制やセキュリティ体制が整っていない現状での住基ネット離脱は合法になるのではないじゃろうか。

しかし、法律のことに関して決定権を持っているのは裁判所じゃ。最終的に司法判断が下されるまでの間は、市区町村の長が、参加から離脱に判断を変えれば離脱することは可能になる。

5　住基ネットから多くの市区町村を、離脱させて消滅させる

住基ネットは、全国レベルなので
　全市区町村が加入しなければ意味がない。
　　離脱は違法なこと
　と総務省は主張している。

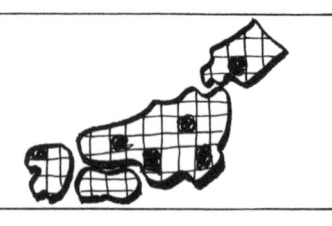

全市区町村の加入が原則ということは言い換えれば

全国どこかひとつの自治体の住基ネットのセキュリティ管理がいい加減であった場合には、そこから関係のない市区町村のデータが漏洩してしまう危険性がある。

住民基本台帳法によると
　「市区町村長は、住民に関する記録の管理が適正に行われるように必要な措置を講ずるよう努めなければならない」とある。

住基ネットに接続した場合、他の自治体から「住民に関する記録」が漏れるかもしれない。その「管理が適正に行われるよう」にするのはむずかしくなる。市区町村議会で住基ネットの安全性が取り上げられれば離脱を表明するところが多くなるのではないだろうか。

東北地方の小さな町でも離脱することができたので、不可能ではない。しかし、財政赤字の市区町村などは補助金や地方交付税などに頼らざるを得ず、総務省に反抗することはできないようじゃ。

ならばせめて神奈川県の某市のように

> 住基ネットには参加するが個人データの送信や離脱は各自の選択制にする

くらいの気配りは必要ではないだろうか。

> 住基ネットへの登録、離脱を市民が自由に
> 選べる社会が到来することを希望します。

情報110番COMの住基ネットについてのアンケートコメントも反対派が多数を占めた。2004年11月12日時点で311件の回答があった。

- 情報化社会を考えると必要と思う。しかし悪用されないように保護法の成立が前提。
- ＤＶを受けている人たちは危険みたいです。何らかの対策が必要。
- 便利になるのですが私には必要はありません。住民に被害があった場合はどうしていただけるのでしょうか。
- 多額の税金をかけるだけのメリットがあるのでしょうか。個人データは流出しないとされています。しかし、操作するのは人間です。100％ミスのない人間は居ると言い切れるのでしょうか。
- 住所不定者、路上生活者、刑務所や留置場に入っている人たちにも番号が届いているのですか。
- 自分にとって必要な情報は今までどおり取得するので便利にする必要はない。
- 各種の手続きに要する時間と労力並びに経費が大幅に削減できるが、設備や運用に莫大な費用がかかっている。一部の業者がもうけているのかどうか。
  正当な報酬額であるかどうかを吟味する必要がある。税金の無駄な出費が今後も継続するようであってはならない。
- 市民の利便性が増し、各自治体の効率性が高まれば、住基ネットに投資すべきであると思う。やるならやるで、中途半端な投資は厳禁。個人情報漏洩と一口に言っても、情報により重みが全く違うので、おさえるべきところはきちっとしてもらえれば、支持する人も多くなると思う。免許証や保険証等、番号管理は日常茶飯事。さほど、違和感は感じていません。
- 単にお役人の仕事量を減らすだけのもの（人員の削減にはならない）。必ず情報の漏洩は起こる。担当者の目の前に500万円ほど積めば、データは流出する。携帯電話を見ればわかるとおり、携帯各社がなにを言おうと情報は漏出する。私自身、クローンとおぼしきものの被害にあっている。お役人がどう言おうが、住基ネットのシステムに対する信頼性はゼロである。
- なんとなく胡散臭い。大事な情報を、税金でわざわざまとめきれいにデータベース化したものを犯罪者に使ってくださいと差し出すようなものだと思っている。そんなことないよと言って説明しているけどいまいち信用できない。

6　住民票コードがパンクして稼働不能

あんたの市区町村が住基ネットに不参加でなければ
住民票コード番号を記載した郵便が届いておるじゃろう。

この住民票コードは、本人確認を行うために使われる。

（住民基本台帳法により決められた
本人確認情報の提供先である行政機関などの
264事務（平成15年8月1日時点）で）

住民票コードは

- 11ケタの数字

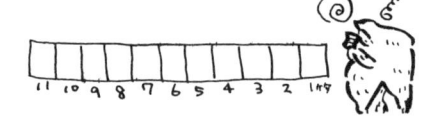

- 無作為に作成されたもの
  住所や名前が推定されるものではない。
  同じ世帯の者同士でも関連のない数字。

- 重要な情報なので、本人または同じ世帯の人から
  請求がない限り住民票の写しにも記載されない。

- 申請書や届出書に必要だった住民票の添付が
  順次不要となっている。
  法律で定められた264の事務について申請や届け
  出をした人の住所を住基ネットで確認するため。

- 「覚えておく必要はありませんが、必要な時に取り出せる
  よう、通知書を大切に保管してください」と記載がある。
  住民票コードは、申請や届け出をした人の氏名や住
  所を住基ネットで正確に確認するために用いられる。

住民票コードを変更したい場合

（「すぐ覚えられてしまう」「縁起が悪い」などで）

本人の身分証明があれば可能。
そろ目などの希望のコードはもらえない。
（機械が自動的に割り出す）
一人でいくつも持つことはできない。

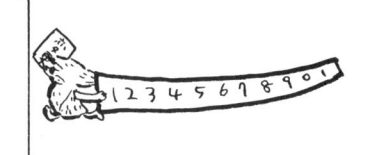

⇩

11ケタのうち1ケタは検査するために利用されるので実質的には10ケタになり100億通りの番号の中から割り振りされる。

⇩

その市区町村の欠番になっている番号を与えられる。
変更前の番号は履歴という形で残る。
（何回変更しても履歴は残る）

⇩

仮に全人口の1億3000万人がいっせいにこの作業を10回行ったとしたら11ケタなので、番号が行き当たらなくなり番号が足りなくなってしまう。

そうなるとシステムを構築するには莫大な費用と時間が必要になりシステムが狂い始めることは否定できない。
　全国民が一致団結して変更を届け出ればどうなるのか、疑問が残る。

（様式1）

住 民 票 コ ー ド 変 更 請 求 書

東大阪市長　殿

平成　　年　　月　　日

※ 本人及び法定代理人（親権者等）以外は、委任状があっても請求できません。
※ 必要項目の□にチェック（✓）してください。

①窓口にこられた方	□ 本人 □ 法定代理人 　□ 親権者 　□ その他 　（　　　）	住　所	
		ふりがな	
		氏　名　　　　　　　　　　　　　　㊞	男・女
		連絡先（　　　）　　　←	

※ 窓口にこられた方は、運転免許証等の本人確認ができる書面を提示してください。
※ 法定代理人の場合は、代理資格のわかる書面も提示してください。

住民票コードを変更する方	住　所	□ 上記①の住所に同じ（異なる場合は以下に記入してください） 　　　　　　　　　　　　　　　番号 東大阪市　　　　　　　　　　　　番地の （　　　　　　　方）
	氏　名	□ 上記①の氏名に同じ（異なる場合は以下に記入してください） 　　　　　　　　　　　　　　　男・女
	生年月日	明治・大正・昭和・平成　　　年　　月　　日
	変更前住民票コード	

市役所記入欄	本人確認方法	□ 運転免許証　□ 保険証 □ パスポート □ その他（　　　）	証明書番号	
	法定代理人確認方法	□ 登記事項証明書　□ 戸籍謄抄本（戸籍全部・個人事項証明書） □ その他（　　　）		
	受付日 平成　　・　　・	受付	照合	入力	審査	送付

7　法律によって守られるのか

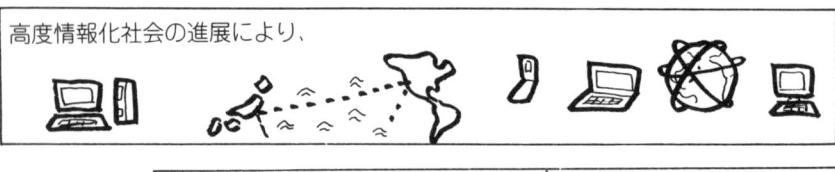

高度情報化社会の進展により、

さまざまな大量の個人情報の

処理、蓄積、提供が可能となった。

自分が知らないうちに自分に関する情報が第三者の手によって勝手に利用されている。

住基ネットでは、強制的に個人情報が集約されるようになった。

各地で住基ネット廃止の訴訟　　各市区町村では、住基ネット条例制定

住基ネットが保有する情報は

行政機関の保有する個人情報の保護に関する法律

が適用される。　右ページ

ところで

住基ネットの制度自体は合法なのだろうか。
過去にこんな裁判例があったゾ。

指紋押捺拒否事件判決；指紋それ自体では個人の私生活や人格、思想等個人の内心に関する情報となるものではないが、性質上万人不同性、終生不変性を持つので、採取された指紋の利用方法次第では、個人の私生活或いはプライバシーが侵害される危険性があり、それゆえ（憲法）13条によって何人もみだりに指紋の押捺を強制されない自由を有し、国家機関は正当な理由なく指紋の押捺を強制することは許されない。

18才以上の在日外国人は指紋押捺のこと

指紋押捺

住民票コードを不正に流出させて、民間企業等が
データベース化したら罰せられるんじゃろうか。

住民基本台帳法の
「行政機関の保有する個人情報の保護に関する法律」が適用される。

民間部門が住民票コードを利用することは禁止されている。
（1年以下の懲役または50万円以下の罰金）
住民の個人情報等を漏洩した場合、住基ネットに関係する者
については、下請け業者を含めて広く処罰の対象になる。

しかし

住民票コードの民間利用については

一定の制限があるが、罰則の適用までには至らないものが多い。
- 単に、住民票コードの告知を要求した，
- 住民票コードを記録して
  データベースを作成した，
  これだけでは刑罰は科されない。

民間部門においては、法律により規制されれば
野放し状態が少しは改善されるものと思われる。

住基ネットの情報を公務員が漏洩させた場合
国家公務員法や地方公務員法による
守秘義務違反しか適用されない。

日本における個人情報保護制度は不十分じゃ。

8　他国の現状について

イギリス
納税者番号制度は導入されていないが、国民保険番号（NI番号）が社会保険と税の分野を中心に幅広く利用されている。

フランス
原則として本人に告知されない国民ID番号がある。

ドイツ
身分証明書の携帯義務がある。この身分証明書番号は、他目的への活用は禁止されている。

イタリア・オーストラリア
納税者番号として用いられる番号が付与されている。

マレーシア
［マイカード］　ICチップを搭載した身分証明書
12歳以上の全国民に携帯を義務付けている。
氏名、住所、写真、国民番号、指紋を記載。
（ICチップが搭載されているので、さまざまな個人情報を集約していることは確かなのだが、個人情報をどのように書き込み、読み出しているかの実態が全く明らかにされていない。）

アメリカ
社会保障番号（国民総背番号制に近い）
　（Social Security Number）
社会保障の年金などを管理する目的で付けられた9ケタの数字からなっている。
アメリカには戸籍や住民票にあたる情報を管理している複数の政府機関があり、それぞれの機関が別々の番号で情報を管理しているため、データベースにアクセスしただけでは個人情報全体は分からず、危険分散が行われている。

韓国

1968年以来「国民総背番号制」が行われている。
（全国民に13ケタの番号が支給されている。但し、1975年以前に
出生した人は12ケタ）

1999年　電子住民IDカード制が導入された。
　　　　（the Electronic National ID Card）

成人はこの住民登録証を持っている。
ICチップを導入するかわりに指紋を
電算化したプラスチック製。

写真、名前、住民登録番号

裏には鮮明にプリント
された右手親指の指紋！
（国家に10指の指紋を提
供することになっている）

すべて電子住民IDカードを提示することになっている。
　　ビデオを借りる、住居を借りる、携帯電話を購入する……
すでに電子住民IDカードがないと生活できない状態に
　なっていることは確か。
北朝鮮などのスパイ対策のために利用されているという説もある。
現在は健康状況、指紋情報、学歴情報などの150項目近く
　に拡大している。

他国にもさまざまな番号制度がある。
番号制度は、それぞれ、その国にとっての役割がある。
日本での住基ネットは、本当に必要なのかもう一度考
えてみる気はないかな。

コラム6

住基ネットのアクセスログ開示請求

大阪府

フジタ

住基ネットの
自分の本人確認情報
（氏名、住所、生年月日、
性別及び住民票コード
とその変更情報）
の
提供状況

の

開示を請求した。

開示できる内容

住民基本台帳法に定められたうちの

- 提供した住民の本人確認情報（氏名、住所、生年月日等）
- 本人確認情報の提供先機関名
  都道府県の機関（パスポートセンター、土木事務所等）
  のほか、国の機関に対する提供も対象となる。
- 本人確認情報の提供年月日
- 本人確認情報の利用目的

身分証明書を見せて請求した

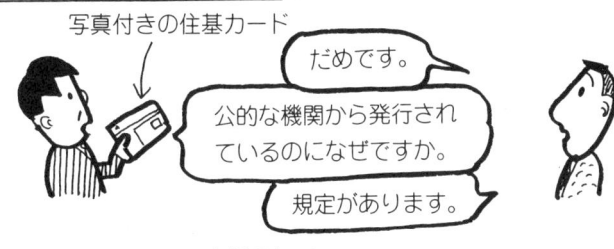

写真付きの住基カード

だめです。

公的な機関から発行されているのになぜですか。

規定があります。

運転免許証を提示してはじめて受理された。

約2週間の期間をあけて「情報提供の記録（アクセスログ）はなかったので、開示しない」と通知があった。

一瞬にして分かることがらに改ざんの余地を持たせる2週間をあけるのはどうしてか。

開示しなくてもよい個人情報がある。
・ 国の機関の指示によるとき
・ 交渉や争訟上で、行政機関の不利になるとき

ありませんでした。

実際に端末で確認して見せてほしい。

一切応じることはできません。

人権室の職員

アクセスログを示すパソコンの画面を

そこに至る手順とともに見せてもらわなければ「アクセスログの開示」が正しいものだという証明がない！

大阪府個人情報保護条例第18条第２項；「実施機関は、本人開示請求に係る個人情報の全部又は一部を開示するときは、その旨の決定をし、本人開示請求者に対し、その旨並びに開示をする日時及び場所を書面により通知しなければならない。実施機関は、本人開示請求に係る個人情報の全部を開示しないときは、開示しない旨の決定をし、本人開示請求者に対し、その旨を書面により通知しなければならない。」

不存在による非開示決定通知書

市　第２９９６号
平成16年12月6日

藤田　悟　様

大阪府知事　齊藤　〔印：大阪府知事之印〕

　平成１６年１１月２５日付けで開示請求のあった個人情報については、当該個人情報を保有していないため、大阪府個人情報保護条例第１８条第２項の規定により、次のとおり開示しないことと決定したので通知します。

請求に係る個人情報の内容	住民基本台帳ネットワークシステムにおける平成１５年１０月１日から平成１６年１１月２５日までの本人確認情報提供状況の記録（アクセスログ）
請求にかかる個人情報を保有していない理由	・大阪府が保有しているアクセスログについて、開示請求者に係るものは存在しない。
担当課（室・所）	大阪府総務部市町村課 電話 06-■■■■■■■■　　内線 2213
備　考	

（教示）
　この決定に不服のある場合は、行政不服審査法（昭和37年法律第160号）第６条の規定により、この決定のあったことを知った日の翌日から起算して60日以内に、大阪府知事に対して不服申立てをすることができます。

> 大阪府からフジタに来た返事じゃよ。
> 内容は、フジタの情報を見ようとした者（機関）がなかったので、見た者（機関）がいたか、それは誰か、という情報は開示しないことに決めたと書いてあるんじゃ。

待って！

わしゃ自分の時代に帰らせてもらうよ

おう、
わがふるさとの村

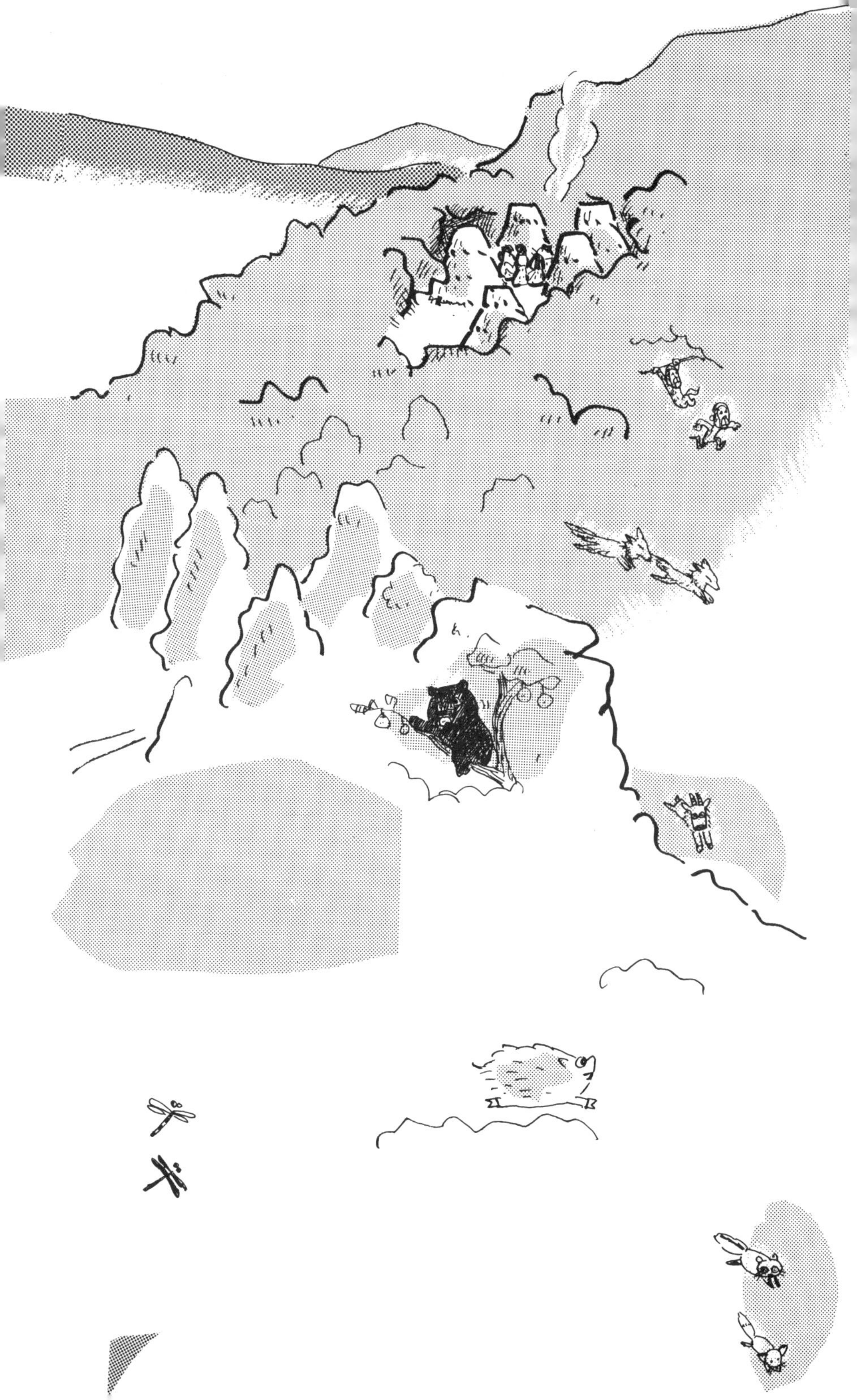

おわりに

　住民基本台帳は本来、自治体のものです。それなのに、総務省は住民やその代表である自治体の意見を聞かずに住基ネットをスタートさせてしまいました。

　スタートさせるために、500億円以上の予算を投入しています。管理などの維持費だけでも年間200億円近い経費がかかるとされています。インターネットのようにメリットもデメリットもたくさんあります。システムの良いところを活用して、デメリットを少なくすることが導入側の役割なのです。

　国が、住基ネット中の個人情報の保護より利用を優先して考えるのではないように、国にとって使い勝手が良いだけのものにならないように、国民皆で、住基ネットを理解する必要があります。今のネットワーク社会において自分の知らないうちに情報が流出する可能性は多くあります。この住基ネットをうまく使えば便利なのですが、個人の情報が流出する可能性は本当にないのでしょうか。

　私は全面的には反対を主張しません。住基ネットの最大の問題点は、インターネットに代表されるように、便利さの裏には必ずデメリットがあるということです。そのことに対しての説明がされないままで「100％大丈夫」では理解できません。住基ネットのデータが漏洩することは時間の問題です。

　外国人指紋押捺制度では、法務省はこの指紋強制の理由として「同一人性確認論」を主張してきましたが、実務を担う自治体窓口ではそもそも指紋鑑定などできる状況ではありません。警察の不当な閲覧に供されてきていたということで、裁判闘争により指紋制度については、1999年についに全面廃止となりました。代替制度と称して指紋押捺と同様の問題点をもつ署名・家族登録制度が導入されていますが、外国人の方の努力により指紋制度が廃止されたのです。まだ、住基ネットも廃止にできる可能性もあるのではないでしょうか。

　世界にも例をみない巨大な行政ネットワーク「住民基本台帳ネットワーク」は本格稼働しています。あなたはそれを目撃しています。このシステムの誕生から50年後、100年後には監視社会国家「日本国」が誕生することでしょう。あなたの子どもや孫が国家に監視される状況を想像することはできますか。

　もしも、個人情報が漏洩した場合には、永遠に取り返すことはできないのです。

藤田 悟●文

1965年、大阪府生まれ。大阪芸術大学美術学科卒業後、デザイナー、デザイン専門学校教員、大手通販メーカーのWebプランナーを経て、商品企画提案、情報調査分析、消費者調査、Webプランナー、フリージャーナリストとして活躍。特に情報通信、電脳関連に強く、インターネット犯罪、プライバシー問題、銃問題などのあらゆる社会問題について新聞、雑誌などにも寄稿している。また、情報犯罪のコメンテーターとして雑誌やテレビへの登場も多い。

ホームページ「情報110番COM」主宰
http://www.joho110.com

主な著書
『事件・事故を回避する50のポイント』教育開発研究所(共著)、『インターネットや携帯の危険から身をまもる』(ポプラ社)、『いますぐ始める危機管理』(数研出版、共著)、『新版 個人情報防衛マニュアル』『図解 電脳ネット犯罪撃退マニュアル』『図解 個人情報防衛マニュアル』『図解 盗聴撃退マニュアル』(以上、同文書院)

ふなびきかずこ●イラスト

1951年、兵庫県生まれ。家庭生活と職業が両立するかと思ってまんが家を志したが、一人で家でまんがを描くという作業ははかどらずこの年になってしまった。
4コマまんが「きみのものはぼくのもの」「ももこ姫」を雑誌に連載。
1991年、読売国際漫画大賞優秀賞受賞。
2001〜2002年「ももこさん」『東京新聞』他夕刊に連載。
また、フォー・ビギナーズ⑯『新選組』の絵を担当。

FOR BEGINNERS シリーズ
(日本オリジナル版)
⑨⑨住基ネットと人権

2005年6月15日　第1版第1刷発行

文・藤田　悟
イラスト・ふなびきかずこ
装幀・市村繁和

発行所　株式会社現代書館
発行者・菊地泰博
東京都千代田区飯田橋3−2−5
郵便番号 102-0072
電話(03)3221-1321
FAX(03)3262-5906
振替00120-3-83725
http://www.gendaishokan.co.jp

写植・太平社
印刷・東光印刷／平河工業社
製本・越後堂製本

校正協力　岩田純子
©2005, Printed in Japan.
定価はカバーに表示してあります。
落丁・乱丁本はおとりかえいたします。
ISBN4-7684-0099-X

歴史上の人物、事件等を文とイラストで表現した「見る思想書」。世界各国で好評を博しているものを、日本では小社が版権を獲得し、独自に日本版オリジナルも刊行しているものです。

①フロイト
②アインシュタイン
③マルクス
④反原発*
⑤レーニン*
⑥毛沢東*
⑦トロツキー*
⑧戸　籍
⑨資本主義*
⑩吉田松陰
⑪日本の仏教
⑫全学連
⑬ダーウィン
⑭エコロジー
⑮憲　法
⑯マイコン
⑰資本論
⑱七大経済学
⑲食　糧
⑳天皇制
㉑生命操作
㉒般若心経
㉓自然食
㉔教科書
㉕近代女性史
㉖冤罪・狭山事件
㉗民　法
㉘日本の警察
㉙エントロピー
㉚インスタントアート
㉛大杉栄
㉜吉本隆明
㉝家　族
㉞フランス革命
㉟三島由紀夫
㊱イスラム教
㊲チャップリン
㊳差　別
㊴アナキズム
㊵柳田国男
㊶非暴力
㊷右　翼
㊸性
㊹地方自治
㊺太宰治
㊻エイズ
㊼ニーチェ
㊽新宗教
㊾観音経
㊿日本の権力
(51)芥川龍之介
(52)ライヒ
(53)ヤクザ
(54)精神医療
(55)部落差別と人権
(56)死　刑
(57)ガイア
(58)刑　法
(59)コロンブス
(60)総覧・地球環境
(61)宮沢賢治
(62)地　図
(63)歎異抄
(64)マルコムX
(65)ユング
(66)日本の軍隊(上巻)
(67)日本の軍隊(下巻)
(68)マフィア
(69)宝　塚
(70)ドラッグ
(71)にっぽん (NIPPON)
(72)占星術
(73)障害者
(74)花岡事件
(75)本居宣長
(76)黒澤　明
(77)ヘーゲル
(78)東洋思想
(79)現代資本主義
(80)経済学入門
(81)ラカン
(82)部落差別と人権II
(83)ブレヒト
(84)レヴィ-ストロース
(85)フーコー
(86)カント
(87)ハイデガー
(88)スピルバーグ
(89)記号論
(90)数学
(91)西田幾多郎
(92)部落差別と宗教
(93)司馬遼太郎と「坂の上の雲」
(94)六大学野球
(95)神道(Shintoism)
(96)新選組
(97)チョムスキー
(98)ヤマトタケル
(99)住基ネットと人権

*は在庫僅少